Oscar storia

Eugenio Saracini

Breve storia degli ebrei e dell'antisemitismo

Prefazione di Elio Toaff

OSCAR MONDADORI

I edizione Oscar Libreria aprile 1977
I edizione Oscar Mondadori dicembre 1979
I edizione Oscar Biografie e storia gennaio 1989
I edizione Oscar storia ottobre 1990

ISBN 88-04-47398-3

Questo volume è stato stampato
presso Mondadori Printing S.p.A.
Stabilimento NSM - Cles (TN)
Stampato in Italia - Printed in Italy

Ristampe:

10 11 12 13 14 15 16 17

2005 2006 2007 2008

www.librimondadori.it

Sommario

7 *Prefazione*
di Elio Toaff

9 *Prefazione alla prima edizione*
di Umberto Terracini

BREVE STORIA DEGLI EBREI
E DELL'ANTISEMITISMO

15 *Introduzione*

Capitolo primo
CHI SONO GLI EBREI?

19 1. Ebrei e israeliani
20 2. Gli ebrei e la religione ebraica
23 3. Gli ebrei e la cosiddetta razza ebraica
27 4. Lingua e onomastica – Alla ricerca di un'altra via

Capitolo secondo
L'ANTISEMITISMO E IL CARATTERE DEGLI EBREI

29 1. Origini dell'antisemitismo
32 2. La città
33 3. Il ghetto
35 4. L'usura
38 5. Gli studi
41 6. Il segno
43 7. I massacri
45 8. Le migrazioni
49 9. I marrani
51 10. Gli ebrei come prodotto storico dell'antisemitismo

Capitolo terzo
LA RELIGIONE EBRAICA E IL CARATTERE DEGLI EBREI

57 1. I libri sacri
59 2. Dio e l'Aldilà
62 3. I precetti
65 4. Sinagoghe e rabbini
68 5. Declino della religione ebraica
70 6. Essenza della religione ebraica
73 7. La religione ebraica e il carattere degli ebrei

Capitolo quarto
DAL SIONISMO A ISRAELE

77 1. Il problema ebraico, l'assimilazione e l'ebraismo
80 2. Sionismo ed antisionismo
85 3. Teodoro Herzl e il movimento sionista - Nascita d'Israele
92 4. Israele e il sionismo
97 5. Israele e gli Stati arabi
103 6. Israele e il problema ebraico

Capitolo quinto
L'ANTISEMITISMO OGGI

109 1. Papa Giovanni XXIII e gli ebrei: fine di una calunnia
115 2. Stati Uniti: antisemitismo declinante
122 3. Unione Sovietica: antisemitismo strisciante
132 4. Italia: "Isola della rugiada divina"

Appendice

149 Dodici anni di incertezze
1977-1989

163 *Cenni bibliografici*

165 Orientamenti e suggerimenti per l'applicazione della dichiarazione conciliare "Nostra Aetate"

Prefazione

La storia del popolo ebraico si svolge in un periodo di tempo lunghissimo, forse il più lungo fra le storie di tutti i popoli. Una storia inesauribile che ha spinto tanti autori in tutte le epoche a dedicarvisi, esaminandola ora dal punto di vista religioso, ora nazionale, ora socio-politico.

Ha inizio con Abramo, capostipite del popolo ebraico, precisamente dal momento in cui lascia la patria, la famiglia per andare verso la Terra promessa. Abramo si libera dai legami primari che vincolano l'uomo alla terra, alla famiglia, perché i vincoli dell'ambiente e dei parenti hanno un effetto paralizzante sulla sua libertà di scelta, sulla sua autonomia. Abramo, libero da ogni condizionamento ambientale e familiare può iniziare la storia del popolo, che da lui discenderà, autonomamente.

Io non penso che qualcuno sia riuscito a tentare una storia complessiva del popolo ebraico, seguìto in tutto il percorso del suo sviluppo, dalle origini del tempo di Abramo, fino ai giorni nostri, in tutte le estensioni di questo sviluppo e cioè nella sua religione, nella sua filosofia, nella sua letteratura e nello svolgersi avventuroso dei suoi destini materiali.

Ciò che costituisce agli occhi dello storico il carattere specifico della nazione ebraica è che egli può trovarla in ogni momento della storia, distinta da tutte le altre. La trova in mezzo alle tribù politeistiche dei Semiti primitivi, in Egitto sotto i Faraoni, in Babilonia, in Persia, sotto il dominio dei Greci e dei Romani e poi, dopo la caduta dello Stato ebraico, quando l'unità nazionale si è spezzata e ha inizio quella diaspora che durerà per venti secoli, la trova ancora in Arabia, in Africa e in tutti i paesi dell'Europa occidentale. Nello stesso modo lo storico attento può vedere il popolo ebraico mantenere la sua autonomia anche a contatto con i grandi movimenti spirituali: il Cristianesimo, Maometto e l'Islàm, la filosofia aristotelica e scolastica, la scienza medioevale, l'Umanesimo, il Rinascimento, la Riforma e la Rivoluzione francese.

Possiamo affermare così che la storia del popolo ebraico si svolge parallelamente a quella di tutto il mondo mediterraneo attraverso i secoli.

La differenza esistente fra la storia degli altri popoli e quella ebraica consiste nel fatto che la storia degli altri popoli è circoscritta a un determinato territorio che si estende per un periodo limitato nel tempo; quella ebraica ha durato e ha assistito al destino di tanti popoli non passivamente, ma partecipandovi con l'azione e con la sofferenza, dagli albori della civiltà fino all'epoca contemporanea.

Gli storici hanno diviso la storia ebraica in tre grandi periodi: il primo che dalle origini giunge all'esilio babilonese, il secondo che va dal ritorno dell'esilio fino alla catastrofe nazionale e all'inizio della diaspora, e infine l'ultimo che copre tutto il restante periodo fino ai giorni nostri.

Appare quindi impresa certo non facile scrivere una storia del popolo ebraico, ma in particolare difficilissima quella di scrivere una breve storia degli ebrei e dell'antisemitismo.

Eugenio Saracini ha avuto il coraggio di cimentarsi in questa impresa e a mio avviso è riuscito nel suo intento di dare al comune lettore un'idea della storia degli ebrei e dell'antisemitismo che l'ha sempre accompagnata in ogni luogo e sotto ogni regime.

Saracini non ha inteso scrivere un vero e proprio trattato di storia, ma ha voluto semplicemente spiegare al lettore, in forma divulgativa e sintetica, chi sono gli ebrei, quali sono stati i momenti fondamentali della loro storia, la loro religione, i loro usi e costumi, sfatando vecchi e inveterati pregiudizi, fonte prima dell'antisemitismo religioso e politico.

Certamente il libro di Saracini sarà accolto con benevolenza dal pubblico italiano che si renderà conto che l'autore, pur nutrendo evidente simpatia per gli ebrei, non si è fatto da essa fuorviare e ha semplicemente fornito al lettore con molta obiettività una quantità di materiale e di dati precisi, dei quali non è possibile dubitare. Non ha voluto esporre una sua personale tesi, o un suo personale punto di vista, ma lascia che il lettore giudichi da sé e si faccia una sua personale opinione degli ebrei e dell'antisemitismo, basandosi su quei dati incontrovertibili che egli ha messo a sua disposizione.

Dunque non un trattato di storia secondo la tradizionale accezione storiografica, ma un utile saggio per comprendere chi sono veramente gli ebrei alla luce di tante vicende di cui sono stati protagonisti da oltre tremila anni.

Elio Toaff

Prefazione alla prima edizione

Fino dall'alba primissima della sua storia plurimillenaria l'ebraismo si è presentato sotto la triplice interdipendente connotazione di una religione rivelata, di un popolo nazionalmente qualificato e di uno stato sovrano – che, per trascorrere di tempi e succedersi di eventi, resteranno poi sempre, in atto o in potenza, in toto o singolarmente, le sue immutabili costanti. E fu contro l'una o l'altra di esse che, a seconda delle congiunture, i nemici dell'ebraismo, allorquando si proposero di ridurlo allo stremo o addirittura di annientarlo, diressero i loro colpi: ora col distruggerne le strutture statali nell'ambito del territorio che gli era proprio, ora col minarne il carattere nazionale di popolo disperdendolo fra altre genti, ora perseguitandone la fede, additata all'odio e alla esecrazione universale. Fu anzi sotto quest'ultima specie che la questione ebraica parve in definitiva essersi ridotta fra l'era antica e la moderna, le cui storie e le cui cronache restano segnate senza soluzione di continuità dalle manifestazioni di quella molteplice fenomenologia che, tardivamente intitolata all'antisemitismo, macchia quasi tutto il corso della cosiddetta civiltà occidentale. Ma dopo una incredibilmente lunga, supina sopportazione di ogni persecuzione, dal profondo dell'ebraismo, in concomitanza con gli altri moti di liberazione che venivano maturando e prorompevano da altre sfere dispregiate dalla società – le nazioni oppresse, le confessioni interdette, le classi sfruttate – incominciò a schiudersi e dispiegarsi una coscienza nuova, la quale, riscoprendo e riattualizzando in termini culturali e politici la sua triplice originaria essenza, si armò dei diritti dell'uomo, frattanto affermatisi con le rivoluzioni borghesi, per indirizzarli ai fini del proprio riscatto. E fu il sionismo. Che tuttavia non venne compreso e accettato neanche da tutto l'ebraismo, probabilmente perché nella integralità inscindibile della sua concezione, due componenti – la nazionale e la statale – erano venute sempre più scolorendosi, prese fra un processo di assimilazione, che era giunto in certi paesi ormai a completezza, e la realizzata parità civile che aveva dato suggello di legalità alla fine delle persecuzioni. E se dell'antisemitismo operante e attivo avanzava ancora qualcosa, ciò era solo un fatto marginale di costume. In questa situazione alle masse popolari il sionismo apparve allora una arida elucubrazione concettuale di alcuni facitori di teorie, della quale, se riflettendo sul passato si potevano ancora intendere i motivi, gli obiettivi restavano senza giustificazione nell'attualità e nella proiezione avvenire. E, in connessione, si potrebbe addirittura pensare che, ove il nazismo non avesse perpetrato le sue orride e atroci ecatombi, al sionismo sarebbe potuto venire addirittura a mancare quello spazio politico e umano che condiziona nella storia ogni mutamento incisivo e che, apertosi con la seconda guerra mondiale, gli permise di calarsi, in accelerate scadenze, dall'astrattezza pur razionale della sua enunciazione nel mondo della realtà. Ma proprio dando vita – che è il suo impareggiabile titolo di merito – allo stato d'Israele, il sionismo ha offerto all'antisemitismo di vecchia lega la possibilità di restaurarsi e riverniciare le sue fruste impalcature ideologiche, immergendole nelle torbide acque rifluenti di certi odi nazionalistici, volutamente esasperati in servizio delle più ignobili manovre in atto nel campo della politica internazionale.

Così la crociata contro Israele – l'ultima incarnazione dell'antisemitismo – ha trovato eco e raccolto consensi anche grazie alla demagogica e astuta sobillazione dei sentimenti di solidarietà che facilmente divampano nell'animo popolare a favore di chiunque appaia vittima di sorte sciagurata, indipendentemente da ogni giudizio di merito. A favorire poi la riuscita dell'impresa ha molto contribuito l'abile aggancio che i suoi conduttori hanno realizzato, nell'ambito internazionale, con quello schieramento al quale da tempo si è usi, con molta faciloneria, attribuire in esclusiva il ruolo di propugnatore su scala mondiale del progresso e della libertà.

Ma parte non trascurabile nel giuoco ha avuto inoltre la grande ignoranza che regna fra la gente semplice, che è poi la maggioranza, sull'essenza del problema ebraico e delle sue componenti oggettive e soggettive. Fare luce su di esse sotto le più varie angolazioni, anche quella umana, sfrondandone il ceppo autentico da tutto quanto i millenni sono venuti, di generazione in generazione, sovrapponendogli di invenzioni, menzogne, falsificazioni e calunnie, è dunque opera necessaria, ma insieme ardua; e, proprio perché ardua, tanto più degna di plauso. Orbene, degna di plauso è certamente l'opera portata a compimento da Eugenio Saracini, scrivendo questo volume intitolato agli ebrei e all'antisemitismo che significativamente esce all'indomani di una guerra fratricida, quella del Libano, di cui si è tentato di attribuire una responsabilità sia pur marginale a Israele e che, sovvertendo un quadro politico, fallace e faticosamente costruito, non può non portare a una sua radicale correzione, gettando al macero tante idee fatte, tanti giudizi precostituiti, tante valutazioni arbitrarie e tanti assiomi indimostrabili, temerariamente messi in circolazione e autoritariamente imposti intorno al ruolo contemporaneo dell'ebraismo, riassurto sul proscenio della storia come nazione e come stato. A una tale rettifica il libro di Eugenio Saracini arreca un ben valido contributo, grazie alla ricchezza di dati e di notizie di cui si sostanzia e che dà di per sé testimonianza dello scrupolo e dell'intelligenza con la quale l'autore, secondo un disegno meditato, ha raccolto il materiale che gli era necessario per costruire l'opera e degnamente coronarla. Né si tratta qui di un libro a tesi, sebbene i lettori non potranno non avvertire ad ogni sua pagina il calore di simpatia dell'autore verso i protagonisti della sua spesso toccante narrazione. Ma Saracini si è proposto non già di imporre ad altri sue convinzioni, ma solamente di mettere a disposizione dei lettori quanto può loro servire per procedere poi ad una scelta autonoma e ragionata, fuori dei clamori interessati e fuorvianti e dei molti ricatti ideologici in auge. E a questa stregua egli ha titolo alla riconoscenza non solo del mondo ebraico, ma anche e specialmente di quanti hanno a cuore il vero, che coincide quasi sempre, nelle vicende umane, con il giusto.

Umberto Terracini

Novembre 1979

Breve storia degli ebrei e dell'antisemitismo

« ...Si deve dire con tutta chiarezza che l'antigiudaismo nazista fu l'opera di empi assassini anticristiani. Però esso sarebbe stato impossibile senza il precedente di quasi duemila anni di antigiudaismo "cristiano" [...] Dopo Auschwitz non c'è più scusa che tenga: la Cristianità non può evitare di ammettere chiaramente la propria colpa ».

Hans Küng (Professore di teologia dogmatica ed ecumenica nell'Università di Tubinga)

Introduzione

Se si vuole scrivere un libro divulgativo, si debbono osservare alcune regole. Bisogna anzitutto esprimersi in modo piano, colloquiale, senza timore di sembrare banali, paternalistici, o altro. La trattazione dev'essere sintetica, rapida: si deve porre bene in luce l'essenziale, voglio dire ciò che si ritiene essenziale, senza tema di apparire presuntuosi. Conviene ricorrere a una certa schematicità di esposizione, a qualche semplificazione, tutte le volte in cui lo si ritenga opportuno, a costo di parere scolastici.

Ho osservato queste regole, soprattutto con l'intendimento di aiutare chi legge, posto che egli ne senta il bisogno, a liberarsi da certi luoghi comuni sugli ebrei, a volte pericolosi, dai quali mi sono sforzato io stesso, scrivendo, di liberarmi; ma anche con la consapevolezza di espormi a due rischi di segno opposto. Il primo è di lasciare insoddisfatti gli studiosi, specialmente gli studiosi dell'ebraismo. Non vedo come lo avrei potuto evitare. Più grave è il secondo: trasmettere a un pubblico relativamente esteso e indifeso – divulgare, appunto – notizie imprecise, giudizi affrettati, generalizzazioni ingiustificate, ecc. Ho fatto del mio meglio per evitarlo. E debbo ringraziare coloro che mi hanno aiutato sia nellá consultazione del vastissimo materiale, sia con aperte discussioni su quanto andavo scrivendo: i risultati di questi scambi di idee, se non hanno potuto tenere conto delle diverse opinioni, hanno avvicinato il libro al costante proposito di obiettività che era nei miei intenti. Di ciò mi ha cordialmente dato atto, fra gli altri, lo scrittore Guido Lopez, che ha seguito la mia fatica da cima a fondo. Ma un caldo ringraziamento debbo pure indirizzare a Raoul Elia, ad Enzo Fiano, a Massimo Massara: anch'essi prodighi di attenzione, di critiche stimolanti, di fecondi suggerimenti.

Vengo alla struttura del libro.

Gli ebrei *e* l'antisemitismo: in realtà i due argomenti sono così connessi, così intrinseci l'uno all'altro, da potersi considerare come i due aspetti di un unico argomento. L'antisemitismo è un odio antico contro il «popolo deicida». Gli ebrei non sono deicidi, ma, per il solo fatto di esistere, essi consentono all'antisemitismo di nascere, crescere, perpetuarsi. Con l'andare dei secoli, l'antisemitismo discrimina progressivamente gli ebrei, li rende sempre più «diversi», li degrada socialmente: fra l'altro, ad essi viene demandata un'attività – l'usura – che la Cristianità giudica vituperevole (ma indispensabile). E la degradazione degli ebrei consente all'antisemitismo di autoalimentarsi. La funzione storica (cioè la vera ragion d'essere) dell'antisemitismo consiste nell'addossare agli ebrei, per poi «punirli», la responsabilità di mali prodotti dal Potere: i crociati in cammino verso la Terra Santa che massacrano in Europa decine di migliaia di ebrei, le bande che sul finire dell'Ottocento incendiano centinaia di villaggi ebraici nelle pianure russe e polacche, gli sterminatori dei *Lager* nazisti: costoro «puniscono» gli ebrei, portando così a compimento l'anzidetta funzione. E gli ebrei sono costretti a svolgere la correlativa, atroce funzione di far salva, con il loro sacrificio, la necessaria «innocenza» del Potere. Il problema posto dall'antisemitismo riguarda dunque le stesse nazioni in cui vivono comunità ebraiche, ed è ancora attuale: non dappertutto si è estirpata la mala pianta né sono scomparsi antichi pregiudizi, suoi frutti e radici al tempo stesso. E al centro del problema stanno gli ebrei.

Ma chi sono gli ebrei? Che significa, oggi, «essere ebreo»? È il problema dell'«identità ebraica», sul quale s'imperniano i primi tre capitoli, mentre gli ultimi due riguardano per l'appunto il «problema ebraico». Evidente, anche qui la connessione: l'«identità ebraica» sarebbe una questione astratta se non esistesse in concreto la «questione ebraica», così come non sarebbe logico affrontare quest'ultima senza riflettere, prima, sull'identità dei protagonisti. Una connessione non meno stretta esiste fra ciascuno degli argomenti che compaiono nei due gruppi di capitoli e il problema rispettivo. Per esemplificare, a me stava a cuore non solo di riferire intorno alle principali manifestazioni dell'antisemitismo – il ghetto, il segno, ecc. – ma anche di capire, e di far capire al lettore, come ciò abbia influito sull'«identità ebraica». Del pari, ciò che volevo comprendere non era solo la nascita e l'affermarsi del sionismo, oppure il sorgere e il consolidarsi d'Israele, ma anche, direi soprattutto, le relazioni fra il «problema ebraico» da una parte, il sionismo e Israele dall'altra.

Ma proprio qui, a proposito d'Israele, ho compiuto una non brevissima digressione, riguardante il conflitto arabo-israeliano. L'argomento è così vivo che non mi sono sottratto alla tentazione di esprimere il mio punto di vista: a livello, inutile dire, di politica a tavolino.

Ancora una precisazione di carattere terminologico: chiamo «ebrei» gli ebrei senza mai scrivere né «giudei» né – ciò che può far forse sorprendere, ed è comunque meno facile da spiegare – «israeliti».

«Giudei» ha un acre sapore spregiativo, forse perché evoca confusamente (sebbene sia piuttosto noto che il Giuda da cui deriva «giudeo» era un figlio del patriarca Giacobbe) l'immagine di Giuda Iscariota, l'Apostolo traditore. Non per niente parole come «giudei», «giudaico», ecc., piacevano agli autori di pubblicazioni tipo "La difesa della razza".

«Israeliti» (Israele fu chiamato lo stesso Giacobbe) non ha nulla di spregiativo, tanto che all'inizio ne facevo tranquillamente uso. Ma, via via che il lavoro procedeva, «israeliti» mi piaceva sempre meno: vi sentivo sempre più un che di stantio e di lezioso insieme. Cercai allora di capire per quale ragione molte persone (mai ebrei, però) preferissero questa parola. «È riguardosa» mi fu detto «più riguardosa che "ebrei"». E la risposta era plausibile, fino a un certo punto: a rispondermi così erano dei borghesi, persone piuttosto riguardose. Più tardi, riflettendo, mi persuasi che «israeliti» non è riguardoso: è falsamente riguardoso.

Riguardose sono le espressioni con cui si cerca di attenuare un difetto: «una signora piuttosto robusta» invece di «una signora grassa», «un po' claudicante» invece di «zoppo», ecc. Ora, nel caso degli ebrei, quale sarebbe il «difetto» da attenuare chiamandoli «israeliti»? Vorrei sbagliarmi, ma non c'è che questa spiegazione: il «difetto» consisterebbe o nella stessa parola «ebrei» o, al limite, nell'essere ebrei. È un fatto, però, che agli ebrei non dispiace né di esserlo né di essere così chiamati, al punto che alla domanda «Lei, scusi, è israelita?» essi rispondono spesso «Sì, sono ebreo».

Dunque, «israeliti» è falsamente riguardoso, ossia lievemente ipocrita, per queste due ragioni. Il «riguardo» concerne non colui verso il quale si fa mostra di volerlo usare, l'ebreo, bensì le orecchie del non ebreo che così si esprime. Ed è la stessa parola «israeliti» che influisce negativamente, celandola, sulla parola «ebrei»:

la prima è un belletto che si dà alla seconda, sebbene l'una tenda a imbruttire l'altra, anzi, proprio perché tende a imbruttirla.

D'altra parte, a farmi preferire «ebrei» contribuisce la ragione che la stragrande maggioranza degli italiani usa esclusivamente questa parola. Non mi sembra una ragione da poco.

Eugenio Saracini

Capitolo primo

Chi sono gli ebrei?

1. *Ebrei e Israeliani*

Forse non vale nemmeno la pena di dire che ebreo e israeliano sono due cose ben diverse, ma forse sì, dal momento che molti, giornali compresi, chiamano spesso « ebrei » gli israeliani.

Un israeliano è un cittadino dello Stato di Israele, e su tre milioni e mezzo di israeliani poco meno di tre milioni sono ebrei, circa cinquecentomila arabi (prescindendo dagli arabi che risiedono nei territori occupati con la guerra del '67: un altro milione circa). Non sempre, dunque, un israeliano è anche un ebreo. Da notare che gli ebrei israeliani non sono proprio uguali agli ebrei di ogni altra parte del mondo; nella loro grande maggioranza essi sono originari di nazioni afroasiatiche (Tunisia, Egitto, Yemen, Irak, ecc.) oppure di nazioni dell'Europa orientale (Russia, Polonia, Romania, ecc.) e differiscono sensibilmente, per costumi, mentalità e lingua, dagli ebrei che noi italiani conosciamo. Si potrà obiettare che gli uni e gli altri appartengono alla stessa religione e alla stessa razza; ma l'obiezione sarebbe vera solo fino a un certo punto, come si vedrà fra poco. Da notare pure che, se da un lato l'immigrazione di ebrei verso Israele continua a essere consistente, dall'altro l'incremento demografico degli arabi israeliani è più elevato di quello degli ebrei israeliani, per cui non è da scartare l'ipotesi che, con l'andare del tempo, si crei una preponderanza numerica araba.

Chiamare « ebrei » gli israeliani è quindi inesatto. Ma sbaglierebbe ancor più, ovviamente, chi chiamasse « israeliani » gli ebrei di altre nazioni (che sono circa dodici milioni): costoro possono essere americani, russi, italiani, ecc.: possono essere tutto, cioè, salvo che israeliani. Non solo: gli ebrei non israeliani non sempre simpatizzano per Gerusalemme. In Italia (e così pure in Francia) la distinzione fra ebrei amici di Israele ed ebrei non amici di Israele corrisponde, molto approssimativamente, al diverso colore politico: sono su posizioni critiche, più o meno accentuate, gli ebrei di orientamento comunista o socialista; sono filoisraeliani gli altri ebrei; ma non mancano importanti eccezioni nell'uno e nell'altro campo. Le cose stanno diversamente in altri paesi, per esempio negli Stati Uniti, dove comunismo e socialismo vivono soltanto nelle aspirazioni di pochi intellettuali; ma ciò non toglie che anche negli Stati Uniti capita di incontrare ebrei molto tiepidi, a dir poco, verso Israele.

Come si vede, la situazione è piuttosto complessa. Ed a me sembra che convenga lasciare da parte, per il momento, Israele e gli israeliani, gli ebrei filoisraeliani e non, gli ebrei di destra e di sinistra, per affrontare la nostra domanda: chi sono gli ebrei?

2. *Gli ebrei e la religione ebraica*

Una risposta potrebbe essere questa. È ebreo chi professa la religione ebraica: chi frequenta più o meno la sinagoga, non mangia certe carni, fa circoncidere i figli, ecc. Si tratterebbe però di una risposta molto insoddisfacente, per due motivi: che non sempre gli ebrei osservano i dettami della religione ebraica; e che non sempre chi segue la religione ebraica è considerato ebreo.

Nel 1656 il grande filosofo Spinoza, ebreo, campione della libertà di pensiero e della tolleranza religiosa, fu espulso dalla comunità ebraica di Amsterdam, proprio a causa delle sue idee: « ... sia maledetto nel giorno, sia maledetto nella notte » – si legge nel bando di espulsione (peraltro redatto secondo una formula convenzionale) – « sia maledetto quando si leva, sia maledetto quando si posa [...] che Dio mai gli perdoni, che la sua ira si infiammi [...] che nessuno lo soccorra... »: erano tempi di grande intolleranza religiosa e il comportamento dei rabbini di Amsterdam è comprensibile. Colui che oggi gli ebrei considerano, a ragione, uno dei più grandi figli di Israele, soffrì molto per l'espulsione; rispose anni dopo, con la sua prosa semplice e quieta, scrivendo fra l'altro queste memorabili parole: « nessuno può trasferire ad altri il suo diritto naturale, ossia la facoltà di ragionare e decidere liberamente intorno a qualsiasi argomento, né può essere costretto a farlo ».

Pochissimi ebrei stavano lontano dalla sinagoga, ai tempi di Spinoza. Ma con l'andare del tempo, e soprattutto negli ultimi due secoli, il loro numero si è ingigantito: il declino dei valori religiosi, la rottura con la tradizione, la rilettura critica o addirittura il ripudio dell'antico insegnamento, che hanno così duramente colpito la comunità cristiana, non potevano lasciare indenne quella ebraica. Quanti sono, oggi, gli ebrei praticanti? È difficile rispondere con precisione.

A Milano, a quanto si dice nella comunità ebraica, si tratta di una modesta minoranza; e non diversa, a quanto sembra, è la situazione negli altri paesi del mondo occidentale. Percentuali sicuramente più elevate si riscontrano presso gli ebrei originari dell'Europa orientale. È certo, comunque, che la religione dei padri è impallidita – ma non senza lasciare tracce assai importanti, come vedremo – nel cuore di moltissimi, forse della maggior parte, degli odierni ebrei.

Orbene, gli ebrei non praticanti continuano a essere considerati ebrei, tanto dagli altri ebrei, quanto dai non ebrei. Anzi, quando noi diciamo « è un ebreo » nemmeno ci curiamo di sapere se la persona di cui stiamo parlando osservi, o non osservi, i precetti della religione ebraica. Né si curarono di saperlo i nazisti, quando mandarono al rogo i libri di ebrei come Marx, Freud, Heine, Mendelssohn e spedirono milioni di sventurati nelle camere a gas.

Non basta. La qualità di « ebreo » viene spesso attribuita non solo a chi abbandona la religione ebraica, ma pure a chi abbraccia un'altra fede religiosa. « *Semel Judaeus semper judaeus* » (chi è ebreo lo rimane per sempre) continuano a ripetere non pochi rabbini. Molte conversioni furono e sono spontanee. È il caso dell'ebreo che diviene cristiano per ragioni di matrimonio. « È un ebreo convertito » diciamo noi: un « convertito », d'accordo, cioè uno che più non appartiene, se mai vi ha appartenuto, alla religione ebraica; ma pur sempre un ebreo: come se si trattasse (il che non è) di una pelle destinata a rimanere integra, sempre uguale a se stessa, sempre « ebrea », a dispetto di ogni conversione. Altre conversioni furono invece imposte dalle circostanze. Fu questo, per ricordare l'episodio più famoso, il caso dei cosiddetti « marrani »: ebrei spagnoli che nel XV secolo furono costretti a convertirsi al cattolicesimo, ma che non per questo riuscirono sempre a risolvere, come si vedrà, il loro problema. Come mai? Perché erano ebrei, appunto: come tali, essi furono sempre disprezzati dagli uni, sospettati e perseguitati dagli altri, per diversi secoli, senza sosta.

Nel 1930 avvenne a San Nicandro, nel Gargano, un fatto piuttosto strano, che non varrebbe la pena di ricordare se ciò non interessasse da vicino il presente discorso. Tale Donato Manduzio, un povero diavolo, si sentì all'improvviso attratto irresistibilmente dalla religione ebraica. Si diede quindi a un'intensa opera di propaganda, dapprima fra i suoi familiari, poi fra i compaesani, ottenendo un notevole e probabilmente insperato successo: un centinaio di persone furono guadagnate alla sue convinzioni e chiesero poi alle autorità religiose ebraiche di potersi convertire. I rabbini esitarono per diversi anni, dapprima nel timore di brutte conseguenze per il gruppetto, verso cui la popolazione era piuttosto malevola, poi per evitare che quei poveretti fossero colpiti dai rigori delle leggi razziali. Ma nel 1946, continuando le insistenze, la conversione fu accettata. I convertiti si trasferirono in seguito in Israele, prendendone altresì la cittadinanza Per la precisione, il fatto è meno singolare di quanto non appaia a prima vista. Chiunque abbia un po' di familiarità con la storia delle religioni sa benissimo che le conversioni, le apostasie, le eresie, se costituiscono episodi rari, eccezionali, nell'Italia settentrionale, continuano, per lo meno continuavano fino a qualche tempo fa, ad avere un certo peso nel centro-sud: i casi di individui, di piccoli gruppi, che improvvisamente abbracciano la fede dei Testimoni di Jehova, dei Battisti, dei Tremolanti, di altre sette ancora, che ne diventano neofiti accesi e propugnatori zelanti, non vi sono infrequenti (relativamente parlando) e non cessano di colpire l'attenzione degli studiosi.

Ma torniamo a Manduzio e ai suoi seguaci Come dobbiamo considerarli? Ebrei, veri e propri ebrei? Essi si sentivano tali, non c'è dubbio; ma noi, come dobbiamo considerarli? C'è da rimanere perplessi, mi sembra. Ed è significativo che durante il loro lungo noviziato, Manduzio e i suoi seguaci furono spesso presi in giro e disprezzati proprio a causa della loro convinzione di essere divenuti ebrei e del loro desiderio di essere considerati tali: ciò che agli occhi degli altri sembrava un'assurda pretesa. In un patetico volume dedicato alla vicenda ho trovato un commissario di P.S. che, con inconsapevole antisemitismo, si rivolge a Manduzio all'incirca con queste parole: « Ebreo tu? Ma fammi il piacere: tu non hai né l'aspetto né l'intelligenza degli ebrei. E poi, cerca di capire, tu credi sul serio nella Bibbia... ».

Oggi il caso di una conversione collettiva alla religione di Mosé è veramente eccezionale (ma nella lunga storia ebraica se ne ebbero esempi clamorosi nella Transcaucasia, nello Yemen e nel Nord-Africa). Più frequenti sono le conversioni individuali, soprattutto a causa di matrimonio (ancora più frequente è però il caso opposto, già ricordato, dell'ebreo che per sposarsi si fa cristiano). E qui si ripropone la domanda: sono ebrei costoro? Dobbiamo considerare veramente ebreo un cattolico, il quale si sia convertito alla religione ebraica all'unico scopo di sposare un'ebrea? Non saprei che dire, francamente.

3. *Gli ebrei e la cosiddetta razza ebraica*

Come si vede, l'elemento religioso non è sufficiente a distinguere fra ebrei e non ebrei: l'ebreo che non professa la religione ebraica o che addirittura si converte alla religione cattolica, protestante, ortodossa, ecc., non per questo perde completamente, agli occhi della gente, la sua qualità di ebreo. D'altra parte, il non ebreo che si converte alla religione ebraica non per ciò acquista, sempre agli occhi altrui, tale qualità. Una cosa è la religione ebraica, quello che gli ebrei chiamano il « patto di Abramo », un'altra l'essere considerato ebreo.

Torna quindi a porsi il quesito: che significa « ebreo »? Dato che la religione non serve quale altro elemento abbiamo a disposizione?

Più di uno a questo punto, penserà alla razza. Ed è un convincimento molto diffuso, per la verità: gli ebrei, si dice, costituiscono una razza a sé, un gruppo umano distinto dagli altri, perché in possesso di particolari caratteristiche fisiche: sono queste a riempire di significato la parola « ebreo », allo stesso modo in cui è l'appartenenza a una certa razza che spiega come l'ebreo rimanga tale nonostante la sua conversione a un altro credo religioso.

Naturalmente, tale convincimento è soprattutto diffuso tra gli antisemiti: una « razza maledetta », una « brutta razza », essi dicono, a seconda della maggiore o minore gradazione di antisemitismo. Ai tempi dell'Inquisizione spagnola l'idea di « razza » non era ancora comparsa, però gli Inquisitori distinguevano puntigliosamente sulla base della *limpieza* (purezza) del sangue: la *limpieza* esisteva solo nel caso di cristiani senza ascendenti, anche lontanissimi, ebrei.

Ma l'opinione che gli ebrei costituiscano una razza a sé viene molto spesso condivisa da coloro che sono amici degli ebrei e avversari degli antisemiti: dai democratici, i quali finiscono così, paradossalmente, per portare acqua al mulino dei loro nemici. Quando dice « Tutti gli uomini sono uguali, nonostante le differenze di razza, di religione, ecc.; pertanto gli ebrei debbono essere trattati con giustizia ed equità, come tutti gli altri uomini », che cosa fa il democratico? Fa, è vero, una candida affermazione di buone intenzioni (« gli ebrei debbono essere trattati ecc. »), di cui bisogna dargli atto. Però fa anche un'altra cosa, di cui nemmeno si accorge: riafferma che gli ebrei sono una razza a sé, che qualche differenza rispetto « a tutti gli altri uomini » certamente esiste, e così facendo contribuisce a rinsaldare quella barriera che proprio lui, il democratico, si sforzerà poi vanamente di abbattere.

Non basta ancora. L'opinione di cui si sta parlando non è rimasta priva di un notevole supporto intellettuale, di un certo apparato « scientifico ». Non è il caso di fare molti nomi. Basta ricordare il francese J.A. Gobineau e soprattutto l'inglese H.S. Chamberlain: fu specialmente quest'ultimo (che non ha niente a che vedere con il Primo Ministro inglese di 40 anni fa) a teorizzare la « razza ebraica », che egli considerava peraltro « pura », non meno di quella germanica. Le idee di Chamberlain, che a forza di esaltare i tedeschi si era fatto egli stesso cittadino tedesco, all'inizio di questo secolo, ebbero uno strepitoso successo in Germania, dove furono riprese, a un livello intellettuale ben più modesto, dai « teorici » del nazismo, primo fra tutti Rosenberg. Dalla Germania passarono poi in Italia, per costituirvi l'alimento degli squallidi antisemiti di casa nostra: i vari Giovanni Preziosi, Telesio Interlandi, Giorgio Almirante.

Eppure si tratta di un'opinione priva di fondamento, di un grosso equivoco. Per la verità, diversi ebrei posseggono certi tratti fisici, piuttosto noti, ma non se ne può assolutamente fare una regola. Inoltre, se queste caratteristiche ci sembrano « tipiche » degli ebrei in specie, esse andrebbero piuttosto riferite ai semiti in genere, sebbene si debba andare, anche qui, abbastanza cauti, in quanto esistono ebrei che non sono affatto semiti: vi sono (si tratta di esigue minoranze, per lo più frutto di conversioni) ebrei camiti in Etiopia, i *Falascià*, ebrei mongoli nel Daghestan, persino ebrei trogloditi nell'isola tunisina di Djerba. Bisogna però riconoscere che, nella loro maggioranza, gli ebrei possono correttamente definirsi « semiti ».

Ma così dicendo non si dice ancora niente di preciso. In realtà, la « razza semitica » è costituita da un vasto gruppo di popolazioni, molto diverse fra loro, sotto molti aspetti, che fanno capo ad un unico, lontano ceppo linguistico, ragion per cui gli studiosi moderni negano, o dubitano, che si possa veramente parlare di una « razza ». E di tale gruppo fanno parte anche gli arabi, che costituiscono anzi il nucleo di gran lunga più numeroso, mentre gli ebrei non rappresentano che una delle più modeste frazioni. Di conseguenza, affermare che gli ebrei sono semiti è pressapoco come affermare, per esempio, che i francesi sono europei, oppure che gli inglesi sono bianchi, anziché neri o gialli: affermazioni vere, ma che non dicono nulla, in sostanza, né sui francesi né sugli inglesi.

Dunque, per sostenere che gli ebrei costituiscono una razza a sé occorrerebbe dimostrare che essi si differenziano in modo netto dagli altri semiti: che esiste, nell'ambito della famiglia semitica, un gruppo razziale a sé, dotato di caratteristiche (soprattutto fisiche) proprie, specifiche. Ma codesta dimostrazione non si è mai riusciti a darla e non la si potrà mai dare, giacché una razza del genere *non esiste*, secondo il parere di tutti gli antropologi. Mi limito a riportare ciò che si legge nell'Enciclopedia Treccani, sotto la voce "Ebrei" (da notare che quest'opera fu stampata in pieno ventennio fascista): « Occorre anzitutto affermare l'inesistenza di un insieme di caratteri corporei limitati al popolo ebraico. Questo è costituito, in tutti i suoi diversi raggruppamenti, da mescolanze di razze o elementi diversi fra loro, ma che sono gli stessi elementi che contribuiscono alla formazione di altri gruppi etnici, sia europei, sia extraeuropei. Gli ebrei né costituiscono una razza né hanno caratteristiche proprie ».

Eppure, il convincimento che gli ebrei costituiscano una razza a sé probabilmente sopravviverà, per molto tempo ancora. Come mai? Per la semplice ragione che tale convincimento non è in realtà che un pregiudizio: qualcosa che precede il pensiero e lo condiziona, distorcendolo. I pensieri nascono, si trasformano, circolano, si integrano, cambiano: vivono per poi morire, insomma. I pregiudizi, no. I pregiudizi sono fermi, immobili, durissimi a morire, anzi, non possono morire non essendo creature vive: sono rifiuti, avversioni, che assumono talvolta l'apparenza del pensiero, ma solo per ucciderlo.

Solo così si spiega come l'esistenza di una « razza ebraica » abbia potuto essere sostenuta, come si ricordava, da un intellettuale raffinato come il Chamberlain. La verità è che egli, come molti aristocratici inglesi del suo tempo, detestava inconsciamente gli ebrei: tale era il suo pregiudizio. Di qui la necessità di definire l'oggetto dell'odio che egli sentiva: ed ecco la teorizzazione di una razza a sé. E di qui le incredibili affermazioni che costellano tutta la sua opera, la quale è in realtà la caricatura di un'opera scientifica, anziché un'opera scientifica: nessuno sragiona più di un uomo intelligente che si metta a sragionare. Mi limito a ricordare una di tali affermazioni: non può essere, dice Chamberlain, che Gesù fosse un ebreo, come tutti hanno sempre ritenuto (parlando di Cristo come uomo, si intende), perché il suo insegnamento era troppo elevato, troppo distante dal formalismo della religione ebraica: « chiunque sostiene che Cristo era ebreo o è uno stupido, o racconta una menzogna. Gesù non era un ebreo ». E che cos'era, allora? Probabilmente era ariano, risponde Chamberlain: era dunque naturale che Cristo diventasse il « dio dei giovani popoli indoeuropei esuberanti di vita »; soprattutto il dio dei teutoni « perché nessun altro popolo era meglio dotato di quello tedesco per ascoltare la sua voce divina ». Ecco come si trasforma Cristo in un anglotedesco, per meglio dire in un precursore di Hitler.

4. *Lingua e onomastica – Alla ricerca di un'altra via*

La nostra domanda – chi sono gli ebrei? – continua a rimanere senza risposta. La religione non serve, la razza nemmeno: quale altro elemento può consentire di distinguere l'ebreo dal non ebreo? Inutile pensare alla lingua ebraica, che è bensì la lingua ufficiale di Israele e che tutti gli ebrei israeliani sanno parlare e scrivere, ma che gli ebrei del resto del mondo, nella loro grande maggioranza, ignorano (o conoscono solo limitatamente alla liturgia): linguisticamente parlando, gli ebrei d'Inghilterra sono inglesi, quelli d'Italia sono italiani, quelli di Francia francesi, e così via.

Anzi, è il caso di dire che nulla, forse, distingue tanto gli ebrei fra di loro quanto l'elemento linguistico, giacché essi dimostrarono spesso una straordinaria inclinazione, frutto di una necessità storica (come si dirà in seguito), non solo ad assimilare rapidamente le lingue dei luoghi in cui si trovavano, ma altresì a crearne di nuove. Durante il medioevo, verso il XIII secolo, nei paesi dell'Europa centrale, si formò lo *Yiddish*, una vera e propria lingua, derivata prevalentemente dal tedesco di allora, in parte dall'ebraico, non senza influssi slavi, che è sopravvissuta fino ad oggi, con tanto di grammatica e di letteratura. All'incirca nello stesso periodo prese corpo, fra gli ebrei di Spagna, lo « spagnolesco » (noto anche, specialmente nei paesi di lingua araba e turca, come « ladino », da non confondersi con l'idioma di alcune vallate alpine), un impasto di ebraico e di spagnolo, che poi si diffuse verso la parte orientale del bacino mediterraneo, arricchendosi di elementi levantini. Più tardi, nacque nella comunità ebraica di Livorno il « bagitto » un idioma dal sostrato toscano, ricco di espressioni spagnolesche (la maggior parte degli ebrei livornesi provenivano dalla penisola iberica).

Altrettanto inutile pensare ai cognomi degli ebrei. Sono cognomi caratteristici, è vero. Alcuni hanno origine antichissima, risalendo all'antico regno di Israele: Levi, Cohen, ecc. Altri, specialmente quelli di molti ebrei italiani, sono propriamente toponimi, nel senso che designano località di provenienza: località italiane, come Ancona, Mortara, Mondolfo, Fubini, Finzi (Faenza); località straniere, come Treves (Treviri), Morpurgo (Marburg), Luzzatto (Lausitz, ovvero Lusazia), Ottolenghi (Öttlingen), Polacco, Greco, Sarfatti (*Zarfàth* in ebraico significa Francia), Eskenazi (*Ashkenàz* = Germania), Miserocchi (*Misràch* = Oriente). Altri, specialmente quelli degli ebrei tedeschi, sono cognomi di fantasia, piuttosto poetici, a volte con una certa predilezione verso le cose preziose: Morgentau (rugiada del mattino), Rosental (valle delle rose), Bernstein (ambra), Rubinstein, ecc.

Ma è chiaro che portare cognomi caratteristici (che poi sono caratteristici fino a un certo punto: io stesso ho conosciuto un Colombo ebreo ed un Greco non ebreo) non spiega proprio niente: sarebbe come dire che il Barolo si distingue dagli altri vini per via dell'etichetta.

E allora? Può essere comprensibile, a questo punto, una conclusione scettica: non è possibile distinguere gli ebrei dai non ebrei. Oppure, addirittura, una conclusione drastica: gli ebrei non esistono.

Ma il buon senso ci dice che non è così. Gli ebrei esistono, eccome! Forse che non erano ebrei coloro che i nazisti uccisero nelle camere a gas e cremarono a milioni? Bisogna pur riuscire a risolvere il problema: la soluzione non è facile, ma non è nemmeno impossibile. Solo che essa va ricercata non tanto sul piano religioso o su quello etnico, quanto e soprattutto sul piano della storia e, per quanto ciò possa sembrare strano, su quello della filosofia (faccio uso di questa parola in un senso piuttosto largo): giacché il compito della filosofia, sotto un certo aspetto, consiste proprio nel cercare di spiegare il significato di espressioni che noi tutti usiamo, ma che nessun'altra scienza riuscirebbe a definire: così accade per parole come « bello », « buono », « utile », e via dicendo; e così succede anche per la parola « ebreo ».

Capitolo secondo

L'antisemitismo e il carattere degli ebrei

1. *Origini dell'antisemitismo*

Come si sa, « antisemitismo » significa odio verso gli ebrei. Veramente, tenuto conto che non tutti gli ebrei sono semiti e che non tutti i semiti sono ebrei, sarebbe più esatto parlare di « antiebraismo »; ma tant'è: la parola antisemitismo è da tempo entrata nell'uso, e pertanto continuerò a usarla nel suo significato corrente.

Le prime tracce dell'antisemitismo risalgono ai tempi dell'antica Roma. Ma prima di parlarne va ricordato che, a partire dal III secolo a.C., gli ebrei avevano cominciato a emigrare dalla Palestina, per stabilirsi soprattutto in Egitto, in Grecia e in Italia. L'emigrazione continuò poi lentamente per diversi decenni, fin verso il '70 dopo Cristo, quando gli ebrei di Palestina si ribellarono contro i romani, nel frattempo divenuti padroni del paese. La reazione di Roma fu dura: moltissimi furono gli ebrei uccisi o fatti schiavi e il loro tempio, ricostruito dopo il ritorno da Babilonia, al posto di quello di Salomone, fu dato alle fiamme. Più violenta fu la successiva rivolta dell'anno 132 ed ancora più dura, anzi tremenda e definitiva, la repressione romana: almeno seicentomila ebrei furono trucidati e i sopravvissuti si dispersero per l'impero romano. È questa la cosiddetta Diaspora, cioè la definitiva dispersione degli ebrei; ed è a partire da questo momento che essi cominciano a essere ritenuti (vedremo in seguito con quale fondamento) un popolo privo di patria.

Com'erano considerati gli ebrei dagli intellettuali dell'antica Roma? C'è chi li prende in giro per le loro pratiche religiose, come Orazio, chi li disprezza per la loro presunta sensualità, come Tacito, e chi addirittura li considera odiatori del genere umano, come Seneca e Giovenale. Ma, ammesso che si possa già parlare di antisemitismo, si tratta però di un antisemitismo ben diverso da quello che l'Europa conoscerà qualche secolo più tardi: non già odio verso gli ebrei, bensì un misto di malsopportazione per il separatismo della loro vita, di incomprensione per l'essenza della loro religione, di curiosità per i loro riti. Curiosità che del resto i romani soddisfacevano con le interpretazioni più superficiali e stravaganti: è lo stesso Tacito, sempre così esatto, a raccontare che gli ebrei adorano un asino, mentre Plinio il Vecchio afferma che essi possono mangiare solo pesce senza scaglie: il contrario di quanto si legge nella Bibbia. Non bisogna poi dimenticare che gli antichi romani erano assai tolleranti in materia religiosa, nella misura in cui le religioni altrui non minavano l'autorità dello Stato. E dove c'è tolleranza non si vede come possa esserci odio.

Il vero e proprio antisemitismo nasce più tardi, verso il IV secolo d.C. Il Cristianesimo è divenuto religione di Stato, ed è una religione intollerante: non solo verso i propri seguaci (in questo senso l'intolleranza non era una qualità esclusiva dei cristiani), ma anche verso quelli di altre religioni. Pur considerando gli ebrei come testimoni viventi delle Scritture, la Chiesa ritiene doveroso punirli in eterno, attribuendo loro la colpa dell'atroce, imperdonabile peccato di aver fatto subire al Messia l'estremo supplizio. « Popolo deicida »: così la Chiesa definisce gli ebrei (la definizione è rimasta fino a pochissimo tempo fa), condannandoli a una interminabile penitenza terrena. E tale intendimento dà presto i suoi frutti: è al IV secolo che risalgono i primi incendi di sinagoghe in varie parti dell'impero, i primi eccidi e i primi divieti fatti agli ebrei: di sposare donne cristiane, pena la morte di entrambi i coniugi, di accedere ai pubblici uffici, di costruire nuove sinagoghe, ecc. Può sembrare incomprensibile come la Chiesa abbia potuto, nel giro di pochi secoli, calpestare e stravolgere fino a questo punto il messaggio cristiano. In realtà la spiegazione è piuttosto nota agli studiosi e si può riassumere con le seguenti parole di R. Piperno: « Alla radice dell'azione antiebraica cristiana vi furono motivi politico-sociali e ideologici. Per quanto riguarda i primi, è chiaro che i cristiani, nel momento in cui iniziavano la conquista interna dell'impero romano, avevano tutto l'interesse a scindere completamente le loro posizioni da quelle degli ebrei, che non erano sempre ben visti, in particolare dal ceto conservatore che, convertitosi al cristianesimo, ne diveniva il principale sostenitore. Contemporaneamente importava ai cristiani mantenersi attivi cittadini e scagionare i romani dall'accusa di aver crocifisso Gesù, mentre nulla era più facile che farne ricadere la colpa sugli ebrei [...]: per tutto ciò si sviluppa l'accusa di deicidio [...]. Non contava che la maggior parte degli ebrei vivesse già da vari secoli fuori d'Israele al momento della crocifissione [...], che la condanna fosse stata pronunciata da un magistrato romano, eseguita da soldati romani, con un supplizio tipicamente romano [...] che l'accusa di deicidio era moralmente inconcepibile perché presso gli ebrei mancava la convinzione che Gesù fosse Dio: in realtà, trasferendo l'accusa sul capo degli ebrei, a parte ogni considerazione dottrinaria, si aveva il doppio vantaggio di accattivarsi le simpatie romane e di combattere il vivace proselitismo ebraico ».

Fu però ventura nella sventura che verso la fine del VI secolo ascendesse al trono pontificio un personaggio – Gregorio I Magno – veramente eccezionale per altezza di ingegno e cultura. Nella bolla *Sicut Judaeis* egli stabilì quella che avrebbe dovuto essere, nei secoli a venire, la fondamentale regola di condotta della Chiesa verso gli ebrei; pur chiamando « superstizione e perfidia » (« perfidia » nel senso di « fuori dalla vera fede ») la loro religione, pur confermando le esistenti norme repressive, questo Papa affermò che, mentre non si sarebbe dovuto risparmiare alcuno sforzo pur di convertirli alla fede cristiana, si sarebbero però dovute evitare le conversioni forzate. Non sempre, per la verità, i Pontefici successivi ed i pur ferventi Principi cristiani si attennero a codesta regola, che talvolta fu rispettata nella forma e perfidamente violata nella sostanza, ma è certo che la parola di Gregorio I Magno costituì almeno una remora alla degradazione degli ebrei.

È dunque a partire dai primi secoli del Cristianesimo trionfante che comincia l'antisemitismo. Delle vicende successive, per meglio dire di alcune fra le importanti di esse, sto per scrivere. Esse sono quanto mai varie, complesse e alterne: a seconda dei tempi e dei luoghi, periodi di relativa tolleranza seguono o precedono periodi di persecuzione, momenti di serenità e di speranza si alternano a momenti di terrore e di disperazione. In linea molto generale, si può dire che la motivazione religiosa tende a perdere terreno, con il trascorrere dei secoli, nei raffronti di quella socio-economica (che del resto è presente fino dalle origini): l'ebreo viene odiato non solo e non tanto perché deicida quanto e soprattutto per la sua nomea di prestatore di denaro. Ma l'odio rimane Con la Rivoluzione francese, che conduce alla eliminazione dei ghetti ed alla emancipazione degli ebrei, nasce la speranza che l'antisemitismo stia scomparendo per sempre, almeno in Occidente. Non sarà così: l'Ottocento è il secolo dei massacri di ebrei nelle campagne russe e polacche; è dell'altro ieri, si può dire, il celebre « caso Dreyfus », che vede metà degli abitanti della civilissima Francia accanirsi contro un modesto ufficiale, accusato di tradimento solo perché ebreo; è di ieri il genocidio nazista; sono di oggi certi sciacalli che approfittano del buio per lordare sinagoghe e profanare cimiteri ebraici. E nessuno può indovinare che cosa ci riservi il futuro.

Ora, per molti versi, secoli di avversione, di odio, non possono essere rimasti senza conseguenze: l'antisemitismo ha finito per influire sull'atteggiamento di chi lo doveva subire, sì che gli ebrei di oggi sono, per così dire, le creature dell'antisemitismo stesso.

2. *La città*

È relativamente difficile, almeno nelle nazioni dell'Europa occidentale e negli Stati Uniti, incontrare ebrei contadini: ne esistono pochissimi, infatti. È difficile, quindi, trovare ebrei in zone prevalentemente agricole: credo che non esista un solo ebreo, tanto per fare un esempio, in tutta la Valtellina.

Eppure molti degli antichi ebrei di Palestina erano dediti all'agricoltura, come gli antichi romani, gli antichi greci, ecc., molti ebrei della Diaspora continuarono a essere contadini, soprattutto in Spagna, in Sicilia e nell'Africa settentrionale, molti abitanti di Israele sono oggi contadini, laboriosi ed efficienti: tutti abbiamo sentito parlare delle loro aziende agricole e conosciamo i loro eccellenti prodotti. Come mai gli ebrei hanno in genere cessato, a un certo momento, di dedicarsi anche all'agricoltura, per ricominciare a essere contadini tanti secoli dopo? Le ragioni sono due.

Se è vero che non pochi fra gli antichi ebrei erano contadini, è pure vero che essi erano dediti anche ad altre attività, tra cui il commercio, soprattutto a causa della posizione geografica della Palestina: punto di arrivo delle carovane d'Oriente e punto di partenza dei traffici verso Occidente. Emigrati in Europa, i mercanti ebrei continuarono a commerciare; e siccome il commercio si svolgeva prevalentemente nelle città, queste divennero la loro sede naturale. Ma come mai vi si trasferirono poi anche gli ebrei che prima erano contadini? Come mai, verso la fine dell'Impero Romano e durante l'Alto Medioevo, quando quel poco che rimaneva di attività economica si trasferì nelle campagne, gli ebrei rimasero nei nuclei urbani, borghi e città?

La seconda ragione, che spiega meglio, è costituita proprio dall'antisemitismo: all'ebreo faceva paura, in parole povere, il vivere in aperta campagna, lontano dai suoi correligionari, isolato in mezzo a gente malevola, quando non apertamente ostile. Senza contare che la legislazione antisemita comprendeva spesso la proibizione per gli ebrei di possedere e coltivare la terra.

In tal modo l'antisemitismo contribuisce a far sì che gli ebrei, fin dall'inizio, costituiscano – unica fra le minoranze etniche, linguistiche, religiose – una minoranza urbana: con quelle non lievi differenze, in fatto di informazione, di apertura mentale, di cultura, di costumi, ecc., che sono sempre esistite (specialmente nel passato, quando la società era prevalentemente rurale e ben più lente erano le comunicazioni) fra la gente di campagna e quella di città.

3. *Il ghetto*

La paura spinse gli ebrei non solo a vivere nelle città, ma anche a raccogliersi tutti in quartieri, che in Italia assunsero il nome di giudecche. In alcune città le giudecche furono costituite semplicemente da una o più vie e piazze, abitate esclusivamente o prevalentemente da ebrei, che vi esercitavano le loro attività; altrove, per esempio a Saragozza ed a Siviglia, le giudecche costituirono vere e proprie città nelle città, con mura perimetrali e portoni, a tutela degli stessi ebrei.

Questa fu la situazione fino al XVI secolo, quando alla giudecca si sostituì il ghetto. L'istituzione del ghetto (la pa rola trae origine, a quanto sembra, dal « getto » di Venezia, ossia da una fonderia in cui venivano « gettati » i metalli) è un frutto velenoso della Controriforma, del suo spiccato spirito antiereticale e antisemitico. Esso si differenzia dalla giudecca per questo motivo, che il raggruppamento degli ebrei in un solo punto della città non è più volontario, ma obbli gatorio: tutti gli ebrei devono risiedervi; il quartiere ebraico viene circondato, quando già non lo era prima, da alte mura; c'è un solo portone d'accesso, che viene chiuso dall'esterno quando il sole tramonta e aperto quando sorge; il portone è sorvegliato da una sentinella (la cui remunerazione è a carico degli ebrei); nessun ebreo può allontanarsi dal ghetto di notte, se non vuole essere gravemente punito.

I ghetti si moltiplicano ovunque, soprattutto in Italia, e vivervi, se agli inizi offre protezione, diventa vieppiù penoso. Lo spazio è sempre lo stesso, ma il numero degli abitanti è in continuo aumento: si ha un affollamento incredibile, fino a otto persone per vano ed anche più, mentre le condizioni igieniche peggiorano giorno per giorno. Sporcizia, mancanza d'aria, umidità sono le caratteristiche inevitabili di questi domicili coatti. Frequenti e spesso tragici i crolli: particolarmente cruento quello del 1776 a Mantova, dove muoiono sepolti fra le macerie sessantacinque ebrei, riunitisi per festeggiare un matrimonio, e quello del 1835 ad Alessandria, in cui trovano la morte altri cinquanta ebrei, pure convenuti per uno sposalizio.

« ...presso il ponte a Quattro capi » scrive Massimo d'Azeglio nel 1848, a proposito del ghetto di Roma « s'estende lungo il Tevere un quartiere, o piuttosto un ammasso informe di tuguri mal tenuti, peggio riparati e mezzo cadenti... nei quali si stipa una popolazione di 3.900 persone, dove invece ne potrebbero stare una metà... Le strade strette, immonde, la mancanza d'aria, il sudiciume, che è conseguenza inevitabile dell'agglomerazione forzata di troppa popolazione quasi tutta miserabile, rende quel soggiorno triste, puzzolente e malsano. Famiglie di quei disgraziati vivono, e più d'una per locale, ammucchiate senza distinzione di sessi, d'età, di condizioni di salute, a ogni piano, nelle soffitte e perfino nelle buche sotterranee, che in più felici abitazioni servono di cantine... ».

Ora, tanti secoli trascorsi in simili condizioni hanno profondamente inciso sugli ebrei: in molti di loro sono presenti tratti morali certamente connessi alla prassi religiosa, ma che le sofferenze patite, e soprattutto la vita trascorsa nelle giudecche e nei ghetti, hanno esaltato. Mi riferisco alla straordinaria forza di sopportazione degli ebrei: a quella indomabile volontà di sopravvivere, di perpetuarsi, di rimanere uguali a se stessi, a quella eccezionale capacità di recupero, di cui il mondo ha avuto grandi prove anche in epoca recente. Mi riferisco inoltre alla ben nota solidarietà degli ebrei, alla convinzione di appartenere a un comune destino, così viva fra loro, a dispetto di ogni differenza di censo, di nazione, di intensità di fede e di credo politico.

4. *L'usura*

A quale attività potevano dedicarsi gli abitanti della giudecca e del ghetto? Non c'era molto da scegliere, soprattutto nel Medioevo. Un ebreo poteva bensì dedicarsi a certi mestieri (ad esempio, la tessitura e la concia), ma non poteva esercitare gli altri e nessuna libera professione, salvo quella di medico. Non poteva fare il soldato, perché gli ebrei erano anche tenuti lontani dalle armi. Raramente poteva diventare proprietario di immobili. E via di questo passo. Rimanevano poche attività a sua disposizione, fra queste il prestare denaro a interesse: l'usura, come allora si diceva (più tardi la parola verrà usata per designare un interesse particolarmente elevato).

Ad esercitare l'usura l'ebreo era inoltre spinto da due importanti ragioni. La prima: ritenendo che la moneta fosse di sua natura sterile, la Chiesa vietava ai cristiani di esercitare l'usura; non lo vietava però agli ebrei, proprio perché erano ebrei, senza speranza di salvazione. La seconda: il permesso di esercitare l'usura equivaleva all'attribuzione della qualifica (diremmo oggi) di incaricato di un pubblico servizio, il che migliorava molto la posizione sociale dell'ebreo, garantendogli alcune libertà.

È così che a partire dal XII secolo si assiste, nell'Europa occidentale, ad uno straordinario diffondersi di questa nuova attività fra gli ebrei: l'usuraio è di norma un ebreo, e la parola « ebreo » acquista il significato di « usuraio ». Gli ebrei prestano danaro un po' a tutti: ai governi per i loro eserciti e le loro funzioni, ai nobili per i loro lussi, ma anche alle classi più modeste, artigiani e contadini. Ed essendo assai elevato il rischio di non vedersi restituire un soldo (basta un editto del principe), gli interessi sono piuttosto elevati. I debitori vengono talvolta costretti a impegnare ogni loro avere, perfino gli attrezzi di lavoro. Di qui l'aumento dell'odio popolare verso gli ebrei nonché la nascita, nel XV secolo, dei Monti di Pietà, istituiti dai Frati Minori appunto nell'intento di porre un freno all'usura, ma con scarso successo.

Questa è solo la punta emergente dell'*iceberg*. Rimane da parlare dell'*iceberg*: si tratta dei re di Francia, d'Inghilterra, di Spagna, ecc., il cui bisogno di danaro è veramente senza limiti: per le guerre, per le Crociate, per le costruzioni, per la corte, ecc. D'altra parte, i sistemi fiscali del Medioevo sono quanto mai rozzi. Ed ecco l'idea di questi sovrani: utilizzare gli ebrei. Una trovata semplice, utile, irreprensibile dal punto di vista religioso: chi presta denaro a interesse è soltanto l'ebreo e lui solo, pertanto, sarà dannato; il re, invece, non presta niente: il re rinsalda le proprie sostanze attraverso gli ebrei, ma questo non è un peccato. Nasce così una nuova figura umana: « l'ebreo reale », l'ebreo considerato come un « pezzo » del patrimonio del re: *ipsi judaei et omnia sua regis sunt* (gli ebrei e tutto ciò che posseggono appartengono al re) dice una legge inglese; e negli stessi termini si esprimono leggi di altre nazioni. « I miei ebrei » dicono spesso i sovrani, così come dicono « i miei fiumi, le mie foreste, i miei cavalli ».

Il mezzo ordinariamente usato per cavare quattrini dagli ebrei è costituito da una notevole tangente sui loro affari: non meno del 10% sulla somma data a prestito. Ma poi vi sono i mezzi straordinari. C'è l'arresto in massa, seguito dalla liberazione, dietro versamento di un grosso riscatto. Ci sono i donativi obbligatori, specie nel caso di fausti avvenimenti regali (nozze, nascite, ecc.). Ci sono le multe esorbitanti caricate su tutta la comunità ebraica, come conseguenza delle accuse più assurde (avvelenamento di pozzi, stregoneria, vampirismo ecc.). C'è infine il metodo più redditizio: l'espulsione collettiva, seguita dal ritorno degli ebrei e dalla restituzione dei beni, dietro pagamento di somme enormi: nel 1182 Filippo Augusto, re di Francia, scaccia tutti gli ebrei e confisca tutti i loro averi; qualche anno dopo li riammette, ricevendo però un « dono » di 150 mila franchi (cifra strabiliante a quel l'epoca) per tale « atto di carità ».

Queste squallide operazioni economiche divengono così allettanti che anche gli altri potenti dell'epoca non possono sottrarsi alla tentazione. Nel 1198 Thibaud, conte di Champagne, conclude un accordo con il re di Francia, con il quale ciascuno si impegna a non impossessarsi degli ebrei dell'altro. Anche i grandi feudatari cominciano a dire « i miei ebrei ». Si arriva al punto che usurai ebrei vengono venduti all'asta. Si arriva al punto che un vescovo spagnolo si lamenta perché le conversioni degli ebrei aumentano troppo: se si convertono tutti, come si dovrà fare per aver soldi? Poi è la volta della nascente borghesia, la quale, dopo aver conquistato una serie di privilegi, volge ora la sua attenzione agli « ebrei reali »: talvolta riesce a conquistarli, frequentemente ad acquistarli; altre volte si arriva, specie in Germania, ad una specie di condominio: gli ebrei debbono pagare tre tasse distinte, la prima alla monarchia, la seconda alla nobiltà, la terza ai borghesi.

Va da sé che quanto più esorbitanti sono le pretese dei re tanto più alto diviene il saggio di interesse, e viceversa. L'usuraio ebreo è sfruttatore e sfruttato al tempo stesso. Chi veramente incassa sono le monarchie, non gli ebrei; chi veramente paga non sono gli ebrei, bensì i cristiani, cioè i poveri cristi. Ma chi sta in basso non riesce mai a capire bene quello che succede in alto. Va pure da sé che la funzione dell'ebreo usuraio, essenziale nel mondo feudale, diviene sempre meno importante via via che questo mondo declina. I feudatari grandi e piccoli scompaiono, i borghesi divengono sempre più ricchi, nascono le grandi dinastie di banchieri cristiani (Fugger, Medici, Chigi, ecc.). Quanto agli ebrei, alcuni continuano a praticare l'usura a un livello sempre più modesto, unitamente ai miserabili commerci che vi si intrecciano (degli abiti usati, per esempio): lo fanno soprattutto gli ebrei d'Italia. Altri partecipano attivamente al nascente capitalismo, divenendo importatori, armatori, assicuratori, ecc.: è ciò che avviene soprattutto in Inghilterra e nei Paesi Bassi.

L'occupazione di molti ebrei, per tanti secoli, di padre in figlio, è dunque consistita nel maneggiare danaro: dare danaro, ricevere danaro, accumulare danaro, investire danaro, correndo sempre il rischio di esserne depredati. E così si spiega un'attitudine tramandata sino ad oggi in molti di loro: l'attitudine agli affari, per meglio dire una spiccata capacità commerciale, bancaria e, da ultimo, anche industriale. Non si può generalizzare, certo, ma nemmeno si possono trascurare questa inclinazione e le sue precise, documentate origini storiche.

Non si deve credere, dunque, che l'abilità di molti ebrei in tali settori sia una loro « arte » innata, da sempre: tutto quello che ne sappiamo, sino alla fine del primo millennio, ci consente di escluderlo. Se non pochi ebrei la posseggono oggi, se l'alta finanza e l'alta industria annoverano svariati nomi ebraici – primi fra tutti i Rotschild – ciò si spiega considerando che gli avi furono *costretti* ad apprenderla.

5. *Gli studi*

C'è un'altra cosa che differenzia ebrei e cristiani, dal Medioevo fino al secolo scorso: gli ebrei studiano. In un'Europa pressoché totalmente analfabeta gli ebrei costituiscono una minoranza relativamente istruita. Come mai? Per diverse ragioni.

Studiano per conoscere e fare conoscere ai loro discendenti i Testi Sacri, che essi considerano la vera e unica base della cultura, fonte ad un tempo della fede e della scienza. Il bambino ebreo impara anzitutto a leggere e a scrivere in ebraico; passa quindi alla lettura della *Torà*, che è costituita dai primi cinque libri della Bibbia, e a qualche facile commento biblico, senza però trascurare la lingua del Paese e l'aritmetica; per continuare poi con il *Talmùd* (dirò più avanti di che si tratta), ma non senza approfondire le scienze profane. È un insegnamento generale e religioso insieme, in cui preghiera e studio si mescolano continuamente; la scuola viene tenuta all'interno della comunità e gli insegnanti sono tutti rabbini. Può sembrare che questa prima ragione sia di carattere esclusivamente religioso, in realtà il peso della tradizione religiosa si conserva integro soprattutto a causa delle condizioni in cui vivono gli ebrei, tutti insieme e isolati dai cristiani. Una volta venute meno tali condizioni, gli ebrei continueranno sì a studiare, ma su diverse basi e verso altre direzioni.

Studiano perché le loro principali attività, con le « relazioni umane » che vi sono implicate, richiedono un minimo di istruzione: non ha bisogno di studiare il cristiano contadino, il cristiano muratore, il cristiano falegname, ecc.; ne ha bisogno l'ebreo che vive nel mondo degli affari.

Studiano, infine, per affermarsi nell'unica professione che è loro consentito di esercitare: la medicina. Moltissimi, un vero stuolo (fatte le debite proporzioni numeriche), sono i medici ebrei durante il Medioevo e il Rinascimento; grandi sono spesso la loro valentia e la loro fama, al punto che il medico di fiducia del Papa è spesso un ebreo. Essere medico di fiducia del Papa significa, naturalmente, godere di una posizione sociale di tutto rispetto, ma significa anche poter spendere qualche parola a favore dell'intera comunità, parola cui le orecchie dell'augusto paziente non possono restare sorde. Voglio ricordarne due, di questi celebri archiatri ebrei. L'uno è Isaac ben Mordechai, vissuto ai tempi di Dante e archiatra di Nicolò IV e di Bonifacio VIII, uomo di cultura eccezionale, al quale si deve con ogni probabilità una certa attenuazione della durezza della Chiesa verso gli ebrei. L'altro è Samuel Zarfati, che nel 1511 fu chiamato al capezzale di Papa Giulio II, giudicato morente, anzi considerato morto, tanto che aveva già avuto inizio la depredazione dei suoi beni da parte di alcuni oppositori. Zarfati usò certi suoi medicamenti e il Papa si ristabilì completamente. Ma quando, due anni dopo, Giulio II morì davvero, fu la casa di Zarfati ad essere saccheggiata da quegli stessi oppositori.

Dunque, nelle giudecche e nei ghetti si studia sempre puntigliosamente, caparbiamente. Lo studio affina le intelligenze, rendendole capaci di affrontare altri studi, che a loro volta elevano ancora la mente.

I risultati? Li abbiamo sotto gli occhi. Non credo di esagerare se dico che nell'ultimo secolo il mondo ha assistito ad una esplosione intellettuale ebraica. Non c'è settore della scienza e dell'arte, si può dire, in cui gli ebrei non occupino posti di primo piano. Pochi nomi scelti a caso, fra i moltissimi che si potrebbero ricordare, bastano a dare un'idea: Freud e Adler, Marx e Lassalle, Bergson e Mendelssohn, Einstein e Oppenheimer, Kafka e Proust, Rubinstein e Stern, Chagall e Modigliani, e via dicendo. Qualcuno obietterà forse che ciò non dice molto: una manciata di geni può ben nascere in mezzo a gente comune. Portiamoci allora a un livello un po' meno elevato, cioè a quello dei semplici (per così dire) premi Nobel: dal 1901 al 1969 sono stati complessivamente assegnati 398 premi; di questi, ben 58 (di cui 25 per la medicina) sono stati assegnati ad ebrei: il 15%, mentre gli ebrei non rappresentano che il cinque per mille della popolazione mondiale!

Vale ancora la pena di riportare qualche cifra riguardante gli ebrei italiani. Nel 1861, al momento dell'unificazione, mentre la percentuale generale degli analfabeti era di poco inferiore al 70%, solo 6 ebrei su 100 erano analfabeti (eppure le condizioni economiche della massa degli ebrei al momento dell'unificazione erano assai modeste, appena superiori a quelle della massa degli italiani). Nel 1927, mentre gli analfabeti non ebrei erano scesi al 27%, non si trovava più un solo ebreo analfabeta. Nel 1938, in un momento in cui la proporzione fra ebrei e non ebrei è di poco superiore all'uno per mille, i docenti universitari ebrei rappresentano l'8% del totale! Se poi vogliamo abbandonare le cifre per ritornare ai nomi, l'imbarazzo della scelta diventa grande; ma non posso dimenticare economisti come Luigi Luzzatti, Achille Loria e Angelo Segre, giuristi come Ludovico Mortara e Vittorio Polacco, studiosi di medicina come Cesare Lombroso e Mario Donati, fisici e matematici come Vito Volterra e Tullio Levi-Civita, geometri come Federico Enriques, scrittori come Italo Svevo, Annie Vivanti, Sabatino Lopez, Umberto Saba, Carlo Levi, Alberto Moravia, Giorgio Bassani e Natalia

Ginzburg, attori come Gustavo Modena, pittori come Amedeo Modigliani, musicisti come Alberto Franchetti e Mario Castelnuovo Tedesco. Non si dimentichi, ripeto, che gli ebrei italiani non hanno mai superato le 50.000 unità.

Bisogna però guardarsi dall'esagerare, dicevo, quando si parla di intelligenza ebraica. Tanto perché non vi siano dubbi, io sono ben lontano dall'affermare che « gli ebrei sono molto intelligenti »: dico semplicemente che elevata, relativamente parlando, è la percentuale degli ebrei in possesso di notevoli qualità intellettuali. Inoltre, se è vero che ci troviamo davanti ad una splendida fioritura intellettuale, in un periodo relativamente breve, non si deve dimenticare che il mondo ha già conosciuto epoche anche più memorabili: Firenze nel '500, la Francia di Luigi XVI, Atene dei tempi di Pericle.

Ma soprattutto bisogna guardarsi dal fraintendere. Qualcuno pensa infatti che l'intelligenza e l'inclinazione allo studio siano doti innate degli ebrei (come la loro abilità affaristica, il loro cosmopolitismo, ecc.). No, l'intelligenza non è né un dono divino né un regalo della sorte: è un prodotto umano, storico, che si costruisce poco per volta, di generazione in generazione, con perseveranza e con serietà: proprio come hanno fatto gli ebrei. È il risultato di contingenze storiche, modificate le quali esso stesso si modifica, fino magari a rovesciarsi nel suo contrario. Perché nulla, e non solo l'intelligenza, è acquisito o negato per l'eternità: basta l'arco di una generazione per mutare caratteristiche che parevano immutabili. Lo si vede in Israele, dove l'immagine classica dell'ebreo europeo, con quel particolarissimo mondo interiore, legato alla sua condizione di membro di una minoranza, si è trasformata in quella di un cittadino libero, forte e sicuro di sé.

6. *Il segno*

Tutti sanno che i nazisti costrinsero gli ebrei a portare sul petto la stella di Davide. Non tutti sanno che non fu una tro vata dei nazisti: fu la vergognosa riesumazione di un'antica vergogna.

Il primo a imporre un distintivo o, come poi si disse, un

« segno » agli ebrei fu un califfo arabo, Omar II, verso la metà del VII secolo: era un pezzo di stoffa che aveva la forma di un maiale. Omar II impose un segno anche ai cristiani un pezzo di stoffa che aveva la forma di una scimmia.

Qualche secolo più tardi i cristiani s'impadronirono del l'idea, invertendone naturalmente i termini: « La confusione fra cristiani, ebrei e saraceni » dice una deliberazione del IV Concilio Lateranense (1215) « ha raggiunto tali proporzioni che non si notano più differenze fra una persona e l'altra. Succede quindi che cristiani abbiano rapporti sessuali con ebree e saracene, ed ebrei o saraceni con cristiane. Allo scopo di evitare che simili peccaminose unioni rimangano impunite, ordiniamo che ebrei e saraceni di entrambi i sessi vengano pubblicamente differenziati dal resto della popolazione, dovunque e per sempre... ». L'ordine fu subito messo in pratica e divenne in seguito una regola applicata in quasi tutta l'Europa, per circa sei secoli, cioè fino alla Rivoluzione francese (ci fu anzi una ripresa all'inizio dell'Ottocento, negli Stati pontifici, ma fu effimera); e siccome a partire dalla fine del XV secolo non vi furono più arabi in Europa, esso finì per riguardare i soli ebrei.

Dall'obbligo del segno furono esentati solo i medici e i prestatori di denaro, mentre gli altri ebrei lo furono solo all'interno del ghetto. Se scoperto, l'ebreo che aveva trasgredito all'ordine veniva punito: in alcuni luoghi con la confisca degli indumenti (che venivano donati a chi aveva fatto la denuncia), in altri con le frustate, in altri ancora con forti multe. Non dappertutto e non sempre, però, l'obbligo fu fatto osservare con la stessa severità.

La deliberazione conciliare non diceva niente a proposito della forma e del colore del segno, cosicché i governanti di ogni paese si regolarono a loro piacimento. Il più delle volte il segno fu costituito da una pezza di colore giallo, ma non mancarono le varianti: per gli uomini un disco rosso e bianco, un berretto giallo, un cordoncino giallo e rosso, ecc.; per le donne un grembiule giallo, una sciarpa gialla, ecc. In diverse città italiane il segno imposto alle donne ebree fu identico a quello che dovevano portare le prostitute. Non risulta che il segno sia mai stato costituito dalla stella di Davide: fu questa, in realtà, l'unica trovata dei nazisti.

In ebraico, « segno » si dice *simàn*. Gli italiani dicevano « sciamàn »: di qui deriva la parola italiana « sciamannato », che significa, insegnano i vocabolari, « scomposto negli atti e nella persona », « molto sciatto », ecc.: evidente, ad avviso di taluni, sarebbe l'allusione alla maniera quanto mai trasandata con cui gli ebrei portavano il segno. Il quale, sebbene dovesse avere, secondo chi lo istituì, l'unico scopo di evitare « riprovevoli » commerci sessuali, ebbe in realtà un peso assai maggiore: fu infatti degradazione, fu cinica privazione della dignità umana. Fu peggio del ghetto, dove gli ebrei, nella loro angustia, trovavano almeno il calore della famiglia e il conforto delle amicizie. Fu peggio delle espulsioni, che non privavano gli ebrei della loro fierezza. Fu superato in malvagità dalle conversioni forzate e dalle stragi, le quali lasciavano però agli ebrei, se non la possibilità, almeno l'illusione di potervisi sottrarre.

Non può stupire che l'obbligo secolare di portare il segno – il segno della vergogna, come molti lo chiamarono – abbia lasciato durevoli conseguenze sul carattere degli ebrei. Ciò che essi provarono (e che non scomparve affatto con la soppressione del segno) fu esattamente ciò che prova chi sa di essere segnato a dito, appunto: una certa diffidenza verso il prossimo (« Lui sa che io sono ebreo, ma io non so che cosa lui pensi degli ebrei ») e uno struggente desiderio di riacquistare la perduta dignità.

7. *I massacri*

La storia degli ebrei in Europa è tutta costellata di massacri: di *pogroms*, come talvolta si dice, con una parola russa che fu tristemente famosa nell'impero zarista.

Massacri di ebrei avvennero, di tempo in tempo, anche in Italia. Il primo, e probabilmente il più grande eccidio di cui si abbia notizia, ebbe luogo nell'Italia meridionale verso la fine del XIII secolo, soprattutto ad opera della monarchia angioina: furono uccise migliaia di persone e il vicolo Scannagiudei di Napoli costituisce un ricordo agghiacciante di quelle stragi. Pure nell'Italia meridionale, più precisamente in Sicilia, avvenne una strage nel 1474: un vero eccidio, se si pensa che nella sola cittadina di Modica furono uccise 360 persone. Altre uccisioni (ma si trattò di decine di persone) si verificarono nel XVI secolo, negli Stati della Chiesa, e furono la diretta conseguenza del fervore controriformistico. Le ultime uccisioni collettive, prescindendo dal periodo nazifascista, si registrano a Siena nel 1799, quando i soldati francesi sono scacciati dagli austro-russi e gli ebrei, che prima avevano gioito per l'arrivo dei francesi (coloro che li emancipavano dalla schiavitù del ghetto), pagano per la loro sete di libertà.

Ma gli eccidi più gravi non ebbero luogo in Italia – alla quale si deve anzi riconoscere di essere stata, in complesso, uno dei paesi più miti nei confronti degli ebrei – né in Francia né in Inghilterra, bensì nella penisola iberica e, soprattutto, in Germania. Mi limito a ricordare qualche episodio.

Nel 1096, proprio in Germania, vengono uccisi circa 50.000 ebrei. Gli assassini sono uomini d'arme che si dirigono verso sud-est, per partecipare a quella che verrà poi chiamata la Prima Crociata: non sono forse degli infedeli, gli ebrei? Continuando nella loro marcia, i crociati un giorno capitano davanti ad una grossa città. Chiedono se sia Costantinopoli, si risponde che è invece Praga. Non importa, i crociati entrano, saccheggiano, uccidono tutti gli ebrei.

Due secoli più tardi, precisamente nel 1298, un signorotto tedesco, un certo Rindfleisch, mette in giro la voce che alcuni ebrei avrebbero profanato un'ostia: è una calunnia e la punizione dovrebbe colpire, semmai, i soli profanatori; ma molti contadini si mettono al servizio del Rindfleisch e danno inizio alla strage: in poco tempo, 100.000 ebrei sono trucidati.

Non passa un secolo e la catastrofe si ripete, ancora più orrenda. Anno 1348: la peste nera flagella l'Europa; si sparge la scellerata diceria che se la peste infierisce vuol dire che qualcuno la sparge, insozzando le sorgenti d'acqua; e questo qualcuno non può essere che un nemico dei cristiani, cioè un ebreo. In tutta l'Europa avvengono massacri di ebrei; ma in Germania la strage assume l'aspetto di una follia collettiva: 200.000 vittime. Da ricordare i vani sforzi del Papa (Clemente VI) a favore degli ebrei.

A rendere possibili questi colossali massacri è certamente l'antisemitismo, l'antica maledizione; ma a determinarli, a farli effettivamente accadere, concorre, accanto alla superstizione e all'ignoranza, un'altra e più concreta ragione: l'usura. I contadini che massacrano ebrei sono spesso oppressi da pegni gravosi: uccidono i creditori per liberarsi dei debiti; eliminano, per sottrarsi allo sfruttamento, coloro che sono a loro volta sfruttati. Si potrebbero quindi definire i grandi massacri di ebrei dell'Europa centro-occidentale fra l'XI e il XV secolo come inutili tentativi della società feudale per risolvere le sue contraddizioni interne.

La stessa cosa può dirsi dei *pogroms* ebraici che si verificano in Russia nella seconda metà del secolo scorso e che sono pure atroci (sebbene il numero delle vittime sia modestissimo, rispetto ai massacri tedeschi): in una sola volta, nel 1881, vengono completamente distrutte alcune centinaia di comunità ebraiche

Quali siano state le conseguenze di queste catastrofi sul carattere di molti ebrei è presto detto: paura e coraggio. A prima vista, questi due sentimenti sembrano escludersi l'un l'altro. In realtà non è così: il coraggio, se non vogliamo confonderlo con l'incoscienza, non è che la capacità di superare la propria paura: più grande è la paura, maggiore è la necessaria dose di coraggio.

Ora, che gli ebrei siano spesso persone timorose, impaurite può dirlo chiunque li abbia conosciuti. Dico « impauriti » perché non so esprimermi meglio: è un misto di apprensione e di pessimismo, un'angoscia sottile, un oscuro presentimento... Ma per dire che essi sono sovente molto coraggiosi non occorre averne conosciuti, giacché gli esempi sono innumerevoli. Come hanno potuto, dopo ogni massacro, quando niente faceva sperare che non si sarebbero verificati altri eccidi, non rinnegare la loro fede religiosa, la loro identità? Come hanno potuto andare tante volte alla ventura, in terre lontane, indifesi come erano? Dovevano possedere molte doti, evidentemente, e anzitutto un bel coraggio.

8. *Le migrazioni*

Il 31 marzo 1492 il re di Spagna Ferdinando il Cattolico firmava un decreto in forza del quale tutti gli ebrei dovevano lasciare il paese entro quattro mesi, senz'altra alternativa all'infuori del battesimo o della morte. I più partirono, e fu un esodo di grandi proporzioni: 200.000 ebrei si allontanarono dalla Spagna, la terra dove avevano vissuto per tanti secoli e dove, soprattutto nei secoli X ed XI, al tempo dell'occupazione araba, avevano conosciuto serenità e prosperità. Di questi, circa 100.000 si diressero verso il Portogallo, dal quale sarebbero stati espulsi nei successivi decenni. Gli altri si diressero, via mare, parte verso i Paesi Bassi e la Germania settentrionale, parte verso est. Gli ultimi vascelli si staccarono dalle coste spagnole il 2 agosto, quasi nello stesso momento in cui se ne staccavano, alzando le vele verso ponente, le tre fatidiche caravelle di Cristoforo Colombo. Ironia della sorte: l'impresa di Colombo era stata finanziata da alcuni ricchi ebrei.

I profughi che muovevano da Siviglia verso Oriente non avevano molta scelta; chiusi i porti di Francia, dalla quale gli ebrei erano stati espulsi in precedenza (ma che, diversamente dalla Spagna, li avrebbe richiamati più tardi), restavano, oltre ai lontani scali dell'Egeo e del Medio Oriente, pochi approdi, principale fra tutti Napoli, su cui regnava allora Ferdinando II della dinastia aragonese. E qui gli ebrei sbarcarono a frotte, unendosi ai correligionari napoletani ed a quegli altri che nello stesso torno di tempo erano stati espulsi dalla Sicilia e dalla Sardegna. Ma poterono rimanervi solo per qualche decennio: una volta esteso il dominio spagnolo all'intero Regno di Napoli, all'inizio del '500, divenne inevitabile una nuova espulsione, che fu completata nel 1541. Da questo momento in poi non vi saranno più comunità ebraiche nell'Italia meridionale, come non ve ne saranno più nella penisola iberica: non ultima ragione, hanno osservato diversi storici, della decadenza economica di questi paesi.

La nuova espulsione spinge gli ebrei, alcuni verso il nord della penisola, segnatamente verso Ferrara, Venezia e Mantova, altri verso i porti della Grecia, soprattutto verso Salonicco. E dalla Grecia, dopo qualche secolo, molti discendenti di coloro che erano stati costretti ad abbandonare l'Italia, muoveranno nuovamente per ritornarvi.

Quello di cui ho parlato è solo uno dei moltissimi movimenti migratori ebraici: in modi e tempi diversi gli ebrei furono costretti a lasciare anche l'Inghilterra, la Francia, la Germania, la Russia, ecc. Le migrazioni furono spesso determinate da provvedimenti di espulsione emessi dai sovrani, come in Spagna e come in Francia (per ben tre volte solo nel XIII secolo); e l'espulsione fu spesso seguita dalla riammissione, la quale, a sua volta, corrispondeva talora allo scopo (come ho già raccontato) di estorcere quattrini agli ebrei. Altre volte, però, gli ebrei emigrarono senza essere « legalmente » espulsi, semplicemente perché il restare sarebbe stato troppo rischioso, o troppo difficile. È il caso (al quale ho pure accennato), di quegli ebrei della Germania che dal secolo XI in poi si portarono ad ondate successive verso le pianure polacche e russe e verso i Balcani, dapprima per sottrarsi ai colossali massacri, poi a causa del tramonto della società feudale, cui la più importante attività ebraica, l'usura, era intrinsecamente unita. Ed è soprattutto il caso degli ebrei russi, polacchi, rumeni, ecc., che, disfacendosi la società feudale anche nell'Europa orientale, si portarono verso Occidente durante il secolo scorso e i primi decenni del presente, percorrendo a ritroso il cammino dei loro avi. È questa, probabilmente, la più grande migrazione ebraica di tutti i tempi: fra il 1800 e il 1880 emigrarono verso occidente 250.000 ebrei; un milione di ebrei emigrarono fra il 1880 e il 1900, con una media annua di 50.000 unità; altri due milioni emigrarono fra il 1900 e il 1914, con una media annua di 140.000 persone. Vienna, che all'inizio del XIX secolo conteneva solo poche centinaia di ebrei, ne contava più di 150.000 all'inizio del XX secolo. Moltissimi ebrei però non si fermarono in Europa; si diressero oltremare, soprattutto verso gli Stati Uniti (dove all'inizio del secolo scorso erano poche migliaia e nel 1880 230.000, e oggi sono vicini ai sette milioni), il Sud Africa (non ce n'era quasi nessuno un secolo fa, oggi sono un terzo di milione circa) e l'America meridionale.

Si può dunque dire che gli ebrei sono stati, fino a oggi (ma le migrazioni non sembrano finite: ebrei di molti paesi continuano a spostarsi verso Israele), una minoranza in perenne movimento: da ovest a est, da nord a sud, e viceversa: sempre in partenza, sempre in arrivo, sempre « erranti », insomma.

È di qui che deriva, verosimilmente, uno degli aspetti più interessanti del complesso carattere di molti ebrei (non si può generalizzare, naturalmente): il loro spiccato cosmopolitismo, cioè la disponibilità, fors'anche l'inclinazione, a trasferire il domicilio da una città a un'altra, da una nazione a un'altra, inserendosi con facilità nel nuovo ambiente, apprendendone rapidamente la lingua, adattandosi presto alle nuove condizioni di vita. Un ebreo francese, ad esempio, si sente ebreo e francese: rimarrà francese finché gli consentiranno di rimanere tale, ma sarà capace di divenire poi, indifferentemente, italiano o americano, spesso in maniera rapida e completa; tutto ciò senza mai cessare di essere ebreo. E se poi prendiamo in considerazione il gruppo, anziché il singolo, colpisce il fatto che gli ebrei abbiano spesso forti legami con altri ebrei di altri paesi, grazie a comuni vincoli culturali o religiosi.

Questo cosmopolitismo ha contribuito, in epoca relativa mente recente, al diffondersi fra gli ebrei dell'internazionalismo: l'aspirazione a superare lo stesso concetto di patria, in nome di un più elevato ideale di fratellanza umana. Il che, a sua volta, può servire a spiegare come mai si trovino tanti nomi di ebrei fra i massimi esponenti dei moderni movimenti di sinistra negli ultimi 100-150 anni.

Non sono così sprovveduto da affermare che le idee di Lassalle, di Marx, della Luxemburg, oppure di Bernstein e di Léon Blum, o ancora di Treves e di Modigliani, derivino (come dicevano spesso i fascisti) dalla loro natura di ebrei; ma non mi sembra che questa circostanza possa essere trascurata. Così come non mi sembra possa essere sottaciuto il fatto che erano ebrei molti vecchi bolscevichi, da Trotzki a Radek, da Zinoviev a Kamenev, da Kaganovic alla Pauker. Lo stesso Lenin, del resto, ebbe a sottolineare l'importante contributo dato dagli ebrei, specialmente dagli intellettuali ebrei, alla vittoria della Rivoluzione.

Si diceva spesso un tempo (ma si sente dire ancora oggi) che l'ebreo è senza patria. È falso: l'ebreo considera come sua patria il paese dove gli è consentito, almeno provvisoriamente, di vivere; e gli ebrei amano il paese in cui risiedono. Ciò è dimostrato da molti fatti, tra cui il comportamento degli ebrei dell'Italia meridionale che nel '500 emigrarono, come si diceva, verso Levante: per secoli essi conservarono, all'interno delle loro comunità, nomi, lingua e abitudini italiane, quasi per mitigare il dolore del distacco dalle vecchie terre. Né vanno dimenticati gli ebrei triestini, che sotto l'Austria costituirono il nerbo dell'irredentismo e della cultura italiani.

È vero, invece, che proprio le reiterate discriminazioni e persecuzioni hanno costretto molti ebrei a una sorta di nomadismo forzato: di modo che l'« ebreo errante » ha spesso visto tradito il suo amor di patria, diventando un uomo a cui altri uomini negano il diritto a una patria stabile e sicura.

9. *I marrani*

Non tutti gli ebrei di Spagna, nel 1492, abbandonarono il paese. Alcuni preferirono, con la disperazione nel cuore, accettare la seconda alternativa prevista dall'atroce decreto di re Ferdinando: si convertirono dunque al cattolicesimo e furono chiamati « marrani », che in spagnolo significa « maialini ».

La loro vita divenne presto un inferno. Insopportabile era il loro stesso appellativo, allusivo all'animale che, prima, i non convertiti non potevano toccare, secondo il noto precetto della religione ebraica, ed al quale ora essi venivano paragonati, con rovente disprezzo. Insopportabili le loro condizioni di vita, a causa delle restrizioni apportate alle già limitate libertà civili ed economiche. Insopportabile, soprattutto, l'incessante sospetto che gravava su di essi, di essersi mantenuti segretamente fedeli alla religione dei padri. Ed il più piccolo indizio era sempre fatale: i roghi di marrani continuarono ad attrarre le folle sulle piazze spagnole, dapprima frequentemente, poi sempre più di rado, per oltre due secoli, fin verso la metà del '700. Si spiega quindi come anche i marrani, poco per volta, abbiano abbandonato la penisola iberica.

Assistiamo così, a partire dall'inizio del '500, al costituirsi di consistenti comunità marrane in diverse città dell'Europa centro-settentrionale, come Amsterdam ed Amburgo, e di piccole comunità marrane nello Stato pontificio. In queste nuove sedi le condizioni di vita furono meno gravose, sebbene il sospetto di occulte pratiche ebraiche continuasse a gravare sul capo dei marrani e non mancassero episodi cruenti, anche clamorosi. Per quanto particolarmente riguarda lo Stato pontificio, si deve dire che il Papa tollerava gli ebrei, ma non tollerava che gli ebrei convertiti al cattolicesimo si riconvertissero pubblicamente alla religione ebraica, oppure continuassero a praticarla segretamente.

Bisogna riconoscere che i sospetti sui marrani erano assai spesso fondati: nella loro grande maggioranza essi rimasero fedeli, nel chiuso dei focolari, alla religione dei padri. Lo si poté constatare molto tempo dopo, allorché, caduto ogni timore, i marrani tornarono pubblicamente, in massa, alla religione di Abramo: per generazioni e generazioni erano dunque riusciti a fingersi cristiani senza mai esserlo.

Quale giudizio morale si deve dare sui marrani? Il mio è assolutamente positivo. Nessun valore, a me sembra, può annettersi alla loro conversione al cattolicesimo, strappata con la forza: non era forse stato un grande Papa, Gregorio I Magno, ad affermare solennemente il principio secondo cui i tentativi di conversione degli ebrei si sarebbero dovuti arrestare di fronte all'uso della violenza? E non è un atto di grande coraggio quello di gente che si mantiene tenacemente fedele alla propria religione, rischiando ogni giorno la morte? E poi, a pensarci bene, il loro comportamento fu sostanzialmente identico a quello dei primi cristiani, che si nascondevano a pregare nelle catacombe, anch'essi a rischio della vita, ma che alla luce del sole continuavano spesso a comportarsi da pagani:

> E pria ch'io conducessi i Greci a' fiumi
> di Tebe, poetando, ebb'io battesmo;
> ma, per paura, chiuso cristian fu' mi,
> lungamente mostrando paganesmo;
> (*Purg.*, XXII, 88-91)

come Dante fa dire al poeta latino Stazio. Ma mentre i cristiani delle catacombe sono tutt'oggi giustamente ricordati e celebrati, l'unico ricordo rimasto dei marrani è il nome: « marrano », appunto, che significa « vile traditore », « cane rinnegato », o qualcosa del genere.

Mi sono soffermato un po' sui marrani perché le loro vicissitudini meritavano, mi sembra, di essere ricordate. Ma dubito che queste vicende abbiano potuto avere un'influenza sul carattere degli ebrei, visto che i marrani ne costituirono una frazione relativamente modesta (vi furono però, nella storia dell'ebraismo, diversi altri casi di conversioni forzate).

10. *Gli ebrei come prodotto storico dell'antisemitismo*

Vale la pena di riassumere brevemente quanto precede.

All'inizio ho posto la domanda: « Chi sono gli ebrei? » e ho precisato: che gli ebrei vanno tenuti ben distinti dagli israeliani; che sarebbe erroneo identificare gli ebrei con i seguaci della religione ebraica, giacché relativamente pochi ebrei lo sono e non tutti coloro che lo sono vengono ritenuti ebrei dai non ebrei; che sarebbe ancora più erroneo definire « semiti » gli ebrei, dal momento che non tutti gli ebrei sono semiti, e viceversa; che non vale la pena di andare a disturbare la lingua e l'onomastica ebraiche.

Nelle pagine precedenti, dopo aver brevemente accennato alle origini dell'antisemitismo, ho ricordato per sommi capi alcune delle sue più importanti manifestazioni: il ghetto, il segno, i massacri, ecc. Contemporaneamente, ho cercato di spiegare come queste tragiche vicende, con l'andar dei secoli, abbiano profondamente influito sull'indole ebraica.

Ciò premesso, mi sembra giunto il momento di tirare le somme.

Indubbiamente, ciò che differenzia gli uomini non sono soltanto le caratteristiche fisiche. Un pigmeo e un islandese, per fare il più banale esempio, sono molto diversi non solo perché, mentre il primo è piccolo e nero, il secondo è alto e bianco, ma anche, e direi soprattutto, perché diversissime sono le loro culture e diversissimo è pertanto il loro modo di pensare, di giudicare, di parlare, di agire, di comportarsi, ecc.: il loro modo di vivere, in una parola.

Ora, nel caso degli ebrei sappiamo già che non si può parlare di qualità fisiche particolari. Si può parlare, per molti ebrei, di particolari caratteristiche morali e intellettuali: senso di solidarietà, agilità di mente, cosmopolitismo, ecc. Ma queste ultime, come ho appena ricordato, hanno una loro precisa origine storica. Ed ecco, allora, la soluzione del problema: alla domanda « Chi sono gli ebrei? » si può rispondere, a mio avviso: per molti versi, *gli ebrei sono un prodotto dell'antisemitismo*.

Cerco di precisare il senso di quest'affermazione, che a

prima vista può sembrare paradossale: di solito, l'antisemitismo viene considerato come un effetto dell'esistenza degli ebrei; qui, invece, il rapporto si inverte, nel senso che, sebbene posteriore, l'antisemitismo diviene una delle radici della loro natura.

Evidentemente, quando dico « ebrei » mi riferisco agli ebrei in genere, non al singolo ebreo. Anzi, se è ancora possibile – e per la verità ne dubito io stesso – rispondere alla domanda « Chi sono gli ebrei? », credo che sia invece impossibile rispondere al quesito « Che cos'è un ebreo? Che cosa distingue un ebreo da un non ebreo? » a meno di dire semplicemente « È un uomo come tutti gli altri ». Fu questa la risposta di Albert Einstein quando, in procinto di abbandonare la Germania, dovendo compilare un certo modulo ed essendo arrivato alla voce « razza », scrisse: « umana ».

La contraddizione è solo apparente. Si possono distinguere gli ebrei in genere, poiché la loro assimilazione, pur essendo in corso da diverso tempo in diverse parti del mondo, è però lontana dall'essere completa, sicché molti ebrei continuano a possedere le qualità di cui si parlava. Ma proprio perché l'assimilazione è in corso, già non è più possibile distinguere il singolo ebreo: può ben trattarsi di un ebreo completamente assimilato, di un ebreo che è tale solo perché noi lo chiamiamo così, « ebreo ». Per questa ragione, quando sento dire di qualcuno (magari con un filo di malevolenza) « È un ebreo », sto prendendo l'abitudine di chiedere « Che significa? »; e di solito il discorso finisce lì.

Dovrebbe essere altrettanto evidente che mi riferisco agli ebrei di oggi, intendo dire agli ebrei delle ultime generazioni; non anche agli ebrei del passato o a quelli del futuro.

Quali fossero le caratteristiche degli ebrei del Vecchio Testamento, dell'epoca romana, o del Medio Evo, sarebbe lungo dire, e comunque non ci interessa in questa sede. Di certo, essi erano assai più religiosi degli odierni ebrei; molto probabilmente, possedevano alcuni tratti che si ritrovano negli ebrei di oggi. Ma niente ci consente di asserire che li possedessero tutti: non c'è motivo per affermare, ad esempio, che gli ebrei dell'alto Medio Evo fossero piuttosto intelligenti o avessero una particolare inclinazione verso gli affari. Tali caratteristiche affiorano e si rafforzano via via che il tempo passa: quanto più, cioè, l'antisemitismo si manifesta nelle sue varie forme e « costringe » molti ebrei ad essere abili negli affari, cosmopoliti, ecc.

E gli ebrei di domani? Qui si entra nell'ignoto ed ogni congettura è lecita. Io prospetterei questa: che in un futuro più o meno remoto, con il progressivo declinare delle religioni e il continuo mescolarsi delle culture, forse non vi saranno più ebrei: di Levi e di Cohen continueranno ad esisterne chissà per quanti secoli ancora, ma finiranno per non distinguersi più, sotto nessun aspetto, da tutti i Bianchi, i Dupont, gli Smith che popolano il pianeta. Ma qui non pretendo di essere preso sul serio: si tratta solo di una congettura.

Credo inoltre che siamo tutti d'accordo nel dire che ogni popolo, ogni categoria sociale, ogni gruppo umano, costituisce il prodotto storico delle vicende di cui è stato protagonista. Così, per fare un solo esempio, gli italiani di oggi costituiscono il prodotto dell'eredità romana, dell'avvento del cristianesimo, delle invasioni e delle dominazioni straniere, della controriforma, ecc. Non è un'idea mia: è ciò che si legge, in sostanza, in tanti libri.

Orbene, siccome l'antisemitismo occupa un posto di primissimo piano nelle vicende degli ebrei, la tesi qui sostenuta non dovrebbe presentare, in ultima analisi, niente di strano. Strana, semmai, sarebbe la tesi opposta: che gli ebrei non costituiscono un prodotto dell'antisemitismo, perché ciò equivarrebbe a sostenere l'una o l'altra delle due affermazioni che seguono. O che gli ebrei non sono, diversamente dagli altri popoli, classi, ecc., un prodotto storico: cioè che essi continuano (e magari continueranno) a essere esattamente quello che erano nella notte dei tempi: identici, immutabili, sempiterni. È codesta un'idea abbastanza diffusa, per la verità, fra gli ebrei e i non ebrei: fra coloro che parlano di un « eterno ebreo », come se si trattasse di statue anziché di uomini, o coloro che, come uno storico inglese, definiscono gli ebrei « un fossile storico ». Ma è un'idea destituita di fondamento, senza contare che essa è vecchia, vecchissima: un fossile, appunto. Oppure che gli ebrei sono bensì un prodotto storico, però non dell'antisemitismo, ma di qualcosa di diverso: per esempio, della loro religione. E codesta è un'idea certamente meno lontana dal vero; ma è pur sempre un'idea errata, come tenterò di spiegare.

La tesi che gli ebrei costituiscano un prodotto storico dell'antisemitismo è già stata sostenuta, a partire dalla metà circa del secolo scorso, da molti scrittori di diversa estrazione (come Carlo Cattaneo e Teodoro Herzl, principale ispiratore del sionismo: di entrambi parlerò più avanti). Io non ho fatto altro che riesaminare questa tesi, verificarla, rielaborarla, riproporla.

Fra tali scrittori voglio qui ricordare il filosofo francese Sartre: un personaggio discutibile fin che si vuole, ma che sul nostro problema ha scritto quanto di meglio mi sia capitato di leggere. Il libro di Sartre – *L'antisemitismo. Riflessioni sulla questione ebraica* – è bello, denso, ma non mi è possibile riassumerlo, nemmeno in parte. Mi limito a riportarne alcune righe.

« ... se si vuole sapere che cos'è l'Ebreo contemporaneo, bisogna interrogare la coscienza cristiana: bisogna chiederle non "che cosa è un Ebreo", ma "che cosa hai fatto degli Ebrei?". L'Ebreo è un uomo che gli altri uomini considerano Ebreo: ecco la verità semplice da cui bisogna partire. In questo senso il democratico ha ragione contro l'antisemita: è l'antisemita che "fa" l'Ebreo... ».

« ... Ciò che pesa su di lui originariamente è il fatto ch'egli è l'assassino del Cristo. Si è riflettuto sulla posizione intollerabile di codesti uomini, condannati a vivere nel seno d'una società che adora il Dio ch'essi hanno ammazzato? Primitivamente, dunque, l'Ebreo è un omicida o figlio d'un omicida – ciò che, agli occhi d'una collettività che concepisce la responsabilità sotto forma prelogica, è assolutamente la stessa cosa – e come tale egli è tabù. Non è questa, evidentemente, una spiegazione dell'antisemitismo moderno; ma se l'antisemitismo ha scelto l'Ebreo per oggetto del suo odio, è a causa dell'orrore religioso che costui ha sempre ispirato. Quest'orrore ha avuto per conseguenza un curioso fenomeno economico: se la Chiesa del Medio Evo ha tollerato gli Ebrei, quando poteva assimilarli con la forza o farli massacrare, lo si deve al fatto ch'essi compivano una funzione economica di prima necessità: maledetti, essi esercitavano un mestiere maledetto, ma indispensabile; non potendo possedere terre, né servire negli eserciti, praticavano il commercio del denaro, che un cristiano non poteva avvicinare senza imbrattarsi. Così alla maledizione originaria s'è aggiunta ben presto una maledizione economica ed è soprattutto quest'ultima quella che ha persistito. Si rimprovera oggi agli Ebrei di esercitare mestieri improduttivi, senza rendersi conto che la loro apparente autonomia nel seno della nazione proviene appunto dal fatto che sono stati relegati a questi mestieri, interdicendo loro gli altri. Perciò non è esagerato sostenere che sono stati i cristiani a creare l'Ebreo, provocando un arresto brusco della sua assimilazione e incaricandolo suo malgrado d'una funzione in cui eccelle... ».

Ma Sartre e gli altri scrittori che sono sulle sue (e mie) posizioni hanno un torto, a mio avviso: quello di trascurare pressoché completamente il peso della religione ebraica. Ho detto e ripetuto che gli ebrei praticanti oggi sono una minoranza, per cui non avrebbe senso, oggi, definire « ebrei » coloro i quali seguono i precetti religiosi; ma ciò non toglie che la religione ha profondamente influito sull'animo degli ebrei, di ieri e di oggi, praticanti e non (e la stessa cosa, del resto, si può dire del cristianesimo e di ogni altra religione). Sicché, se gli odierni ebrei sono come l'antisemitismo li ha fatti, la loro religione vi ha però cooperato in misura notevole. Si può forse dire che, mentre l'antisemitismo ha costituito lo stampo, la religione ebraica ha rappresentato la materia su cui il primo si è impresso. Del resto, la religione degli ebrei appartiene alla loro storia, sebbene in una più lontana prospettiva, non meno di quanto vi appartenga l'antisemitismo; anzi, l'una e l'altro sono strettamente intrecciati, di modo che non avrebbe senso parlare di questo senza ricordarsi di quella. Che è quanto farò nelle pagine seguenti.

Capitolo terzo

La religione ebraica e il carattere degli ebrei

1. *I libri sacri*

Ebrei e cristiani hanno in comune quello che noi chiamiamo Antico Testamento e che essi chiamano Bibbia (per i cristiani la Bibbia è invece costituita così dall'Antico Testamento come dal Nuovo Testamento).

In via molto approssimata può dirsi che la Bibbia ebraica, che si suddivide in 24 libri (*biblia* significa appunto « libri », in greco), consta di una parte narrativa e di una parte morale-religiosa-legislativa, intrecciate fra loro. La prima riguarda le vicende del popolo ebraico a partire dalla creazione: le origini; Noè e il diluvio; Abramo e Isacco; l'esilio in Egitto; il ritorno dall'Egitto con la famosa fuga attraverso il Mar Rosso, sotto la guida di Mosè; Giosuè e la conquista delle vecchie terre; i Regni di Saul, di Davide e del saggio Salomone; la divisione dello Stato ebraico nei due regni di Giuda e Israele – i due appellativi degli ebrei sopravvissuti fino a oggi –; la conquista del paese da parte degli assiri e dei babilonesi; l'esilio di Babilonia, confortato dalle parole dei Profeti, che cominciano a predicare l'avvento di un Messia; la caduta dell'impero babilonese a seguito della conquista persiana, il secondo ritorno degli ebrei nelle terre avite e la restaurazione dell'antico regno, questa volta sotto la guida di Esdra e Neemia. Le vicende abbracciano un lunghissimo arco di tempo: Mosè vive nel XIII secolo e il secondo ritorno avviene nel VI avanti Cristo. Sono vicende molto drammatiche e la narrazione è sempre adeguata: alcuni libri, come Giobbe, l'Ecclesiaste, il famoso Cantico dei Cantici, sono elevatissimi dal punto di vista letterario.

La seconda parte, quella morale-religiosa, sta soprattutto nei primi cinque libri della Bibbia, che i cristiani chiamano, con un'altra parola greca, Pentateuco, e gli ebrei *Torà* (« legge »): al centro di essi giganteggia la figura di Mosè – al tempo stesso legislatore, liberatore dal giogo egizio e capo del suo popolo – e si trova il ben noto (così almeno dovrebbe essere) decalogo, che è la base della morale ebraica come di quella cristiana. Molte esortazioni all'osservanza dei precetti contenuti nella *Torà* si trovano anche in altre parti della Bibbia, segnatamente là dove parlano i Profeti.

La redazione della Bibbia termina nel II secolo a.C. Ed è all'incirca verso quest'epoca che ha inizio, per finire a sua volta nel V secolo d.C., la redazione di un'altra opera di fondamentale importanza per gli ebrei: il *Talmùd*, che significa « studio ».

Si tratta di un'opera veramente monumentale: una ventina di volumi, alti ciascuno mezzo metro circa, spessi più di 10 cm. Inoltre (e diversamente dalla Bibbia, che appartiene al patrimonio culturale del mondo intero) il *Talmùd* è un'opera di difficile consultazione: le traduzioni sono rare, solo parziali e poco accessibili per i non « addetti ai lavori »: singolari sono gli argomenti, lontana dalla logica occidentale è la trattazione.

Ora, appunto per quanto riguarda la materia, bisogna premettere che il *Talmùd* si divide in due parti: la prima – la *Mishnà* – è una serie di deliberazioni legali concernenti l'applicazione dei diversi precetti biblici; la seconda – la *Ghemarà* – è una specie di resoconto delle interminabili discussioni fra i dotti sia sui precetti biblici che sulle deliberazioni della *Mishnà*. Ciò premesso, faccio seguire ancora qualche rilievo.

Il *Talmùd* è un'opera assai impegnata, nel senso che ogni problema, anche minuscolo, viene esaminato e discusso sotto ogni aspetto, con una serietà ed una acutezza stupefacenti. Come va inteso, a seconda delle circostanze, delle persone, dei luoghi, ecc., il principio « occhio per occhio, dente per dente »? È lecito pregare stando a cavallo, cioè in una posizione non conforme, di per sé, alla modestia del credente? Di simili problemi, che oggi possono far sorridere, il *Talmùd* è letteralmente ricolmo e a ognuno di essi sono dedicate decine e decine di pagine, a volte centinaia. Ma l'opera, a modo suo, è anche affascinante: l'analisi è spesso inframmezzata da ricordi di viaggiatori, racconti, conversazioni di artisti, preghiere, aneddoti, poesie; a volte viene richiamata magicamente in vita una scena del tempio di re Salomone, oppure una notte di festa a Gerusalemme.

Infine, come il lettore intende da sé, il *Talmùd* è un'opera molto difficile per gli stessi ebrei: vastissima è la materia, sottilissime sono le analisi e frequenti le contraddizioni. Per questa ragione gli ebrei aspirarono lungamente ad un riassunto, diciamo così, del *Talmùd*: ed ecco, nel XVI secolo, dopo altri tentativi (fra cui quello del filosofo Maimonide, quattro secoli prima), l'opera di Giuseppe Caro, che s'intitola significativamente *La tavola apparecchiata*: un *self service* talmudico. È un riassunto veramente per modo di dire: sono otto grossi volumi, di non facile lettura; ma sempre poca cosa rispetto al ciclopico *Talmùd*. Comunque sia, è un'opera che non manca mai nella biblioteca di un rabbino e che tutt'oggi tiene occupato l'ebreo religioso dall'adolescenza alla tomba.

Non posso terminare questa succinta esposizione dei testi sacri ebraici senza accennare brevissimamente alla famosa (il nome è sopravvissuto fino a noi) *Kabbalà* (= tradizione): in realtà, un grande complesso di opere in cui si cerca, avvalendosi anche dell'interpretazione delle lettere dell'alfabeto e dell'armonia dei numeri, di penetrare nei misteri divini e si discutono, in chiave mistica e con linguaggio altamente filosofico, i massimi problemi dell'uomo.

2. *Dio e l'Aldilà*

Alla radice, il Dio « degli » ebrei e quello « dei » cristiani coincidono. È quello stesso Dio che ha creato il mondo (il 7 ottobre 3761 a.C., secondo calcoli condotti sulla base della Bibbia. Ma ormai il racconto della Genesi viene considerato simbolico anche dai rabbini, che tendono a considerare millenni gli « anni » dell'universo); che, dopo aver condotto i suoi fedeli attraverso le acque del Mar Rosso, li ha guidati per le terre assolate del Sinai; che si è rivelato a Mosè e gli ha dettato i Comandamenti. Un Dio unico, onniscente e onnipotente, ma non senza tratti umani: si gode la frescura del giardino (Genesi 3, 8), scende dal cielo per vedere da vicino che succede a Sodoma (Genesi 18, 21), va in collera, ecc.

Alla radice, dicevo, perché poi il Dio dei cristiani e quello degli ebrei si differenziano notevolmente. Il primo si è incarnato nel Figlio, si è sacrificato per l'umanità, l'ha redenta. Il secondo, invece, non si è mai manifestato sotto sembianze umane e di Lui gli ebrei non hanno mai voluto (secondo la precisa prescrizione biblica) dipingere o scolpire immagine alcuna, anzi, di Lui essi non osano, quantomeno non osavano, nemmeno pronunciare il nome, preferendo chiamarlo *Adonài* (mio Signore).

D'altra parte, gli ebrei credenti, specialmente gli ortodossi, che considerano Gesù come uno dei molti mistici della sua epoca, in conflitto sia con le decadenti e grette autorità religiose del tempo sia con il potere civile, stanno tutt'ora aspettando un Messia, del quale già si parla nelle pagine del profeta Isaia. E qui bisogna intendersi bene. « Il giudaismo » osserva I. Epstein, noto studioso della religione ebraica, « nega l'esistenza di un peccato originale che necessiti di un contrappeso sovrumano [...]. Il concetto per cui il peccato di Adamo avrebbe comportato la morte per tutta l'umanità non è sconosciuto alla dottrina giudaica, ma ci si riferisce invariabilmente alla morte fisica, che non va confusa con quella spirituale, da cui, secondo i cristiani, ci si salva per mezzo della fede in un Redentore risorto ». Di conseguenza, secondo la religione ebraica, « il Messia non è un essere divino che partecipi alla remissione dei peccati [...]. Il Messia sarà un capo, un mortale che diverrà strumento per restaurare l'antica patria di Israele e che compirà quindi la rigenerazione morale e spirituale di tutta l'umanità, rendendola degna della cittadinanza del Regno ». E questo Regno sarà solo la preparazione per il suo compimento nel mondo soprannaturale, al quale « si associano le dottrine delle resurrezione dei morti e del giudizio universale, quando si paleserà la meta delle vie del Signore e quando il suo fine si sarà adempiuto. La fede in tale adempimento è condivisa da altre religioni; ma ciò che distingue il giudaismo è l'insistere sul fatto che l'adempimento nell'Aldilà è condizionato dall'adempimento del fine divino nel contesto storico e sociale della vita quotidiana ».

Chiarito il significato del messianismo ebraico, deve essere precisato che, sebbene esso abbia avuto un peso notevolissimo nelle vicende religiose degli ebrei e abbia lasciato durevoli tracce anche nello spirito dei non credenti, solo pochi ebrei, i credenti appunto, oggi aspettano ancora. Si tenga anche presente che negli ultimi due millenni comparvero diversi falsi Messia, qualcuno anche in epoca molto recente: per lo più fanatici in buona fede.

Vanno ancora segnalate due cose. Non esistendo nella religione ebraica un Dio-uomo, non vi esiste una Madre di Dio: è un altro punto da non sottovalutare, perché il culto della Vergine non solo è tutt'oggi vivissimo, ma costituisce ciò che di più dolce possano offrire al cuore dei credenti, specie degli umili, diverse religioni cristiane. Inoltre, nemmeno la religione ebraica è priva di angeli, come Gabriele e Uriele, i quali sono peraltro strumenti di Dio, anziché intermediari destinati a colmare un abisso immaginario che separerebbe Dio dal mondo o dall'uomo. Né vi mancano i diavoli, alla testa dei quali troviamo, ormai molto invecchiato, il solito Satana (che la *Kabbalà*, chissà perché, proclama Patrono di Roma).

Per quanto riguarda l'Aldilà, il giudaismo insegna che esiste una *Gehenna*, l'abisso di fuoco menzionato nella Bibbia (Isaia, 30, 33), nel quale i malvagi trascorreranno, salvo casi eccezionali, dodici mesi, per entrare quindi nel *Gan Eden*, il giardino di delizia, a godervi lo splendore della presenza divina, in compagnia dei giusti. Non sarà, spiega Epstein, « una esistenza di inattività assoluta. La collaborazione all'adempimento dei fini divini, iniziata nell'esistenza terrena, si prolunga oltre questa vita [...], lo spirito immortale continuerà la carriera mortale, alimentando il patrimonio di forze morali che operano per il definitivo adempimento dell'eterno disegno divino ». Ma, rispetto a quella cristiana, la letteratura religiosa ebraica, specialmente postestamentaria, dedica pochissima attenzione all'Oltretomba: i buoni saranno premiati, i cattivi saranno puniti. Tutto qui. L'Aldilà è un mondo che « mai s'era inteso, mai orecchio aveva sentito dire, mai occhio aveva veduto... » (Isaia, 64, 4). E su questo fondamentale aspetto della religione ebraica, su questa sua indole terrena, su questo suo proiettarsi verso la vita, anziché verso la morte, dovremo ritornare in seguito.

3. *I precetti*

Otto giorni dopo la nascita l'ebreo viene circonciso, con l'osservanza di formule rituali. Talvolta l'operazione viene fatta in una clinica, da un comune chirurgo; più spesso da un esperto della comunità, il *Mohèl*, che sa operare ancora meglio, senza troppe sofferenze per il bambino. Lo scopo della circoncisione (alla quale non sono probabilmente estranee ragioni di carattere igienico) è quello di sancire il patto con Dio, secondo la tradizione consacrata dai testi, tradizione che del resto anche i musulmani hanno adottato.

Verso i cinque anni, quando impara a leggere, il piccolo ebreo viene indirizzato allo studio dei testi religiosi (si comincia con la *Torà*, naturalmente) e continua ad esercitarvisi finché, all'età di 13 anni, diviene *bar mitzwà* (=figlio del precetto). Molto approssimativamente, si tratta di qualcosa come la cresima, ma ben diversa, ben superiore, è la preparazione che si richiede dai ragazzi ebrei. Una volta proclamato *bar mitzwà,* il giovane ebreo diviene membro adulto della comunità: egli assume in prima persona la propria responsabilità e dovrà quindi seguire scrupolosamente i precetti della sua religione (sempreché, naturalmente, non l'abbandoni in seguito).

Vi sono anzitutto i precetti etico-religiosi: il decalogo e le altre norme di questo tipo che si trovano nella Bibbia. E qui bisogna osservare che non esiste praticamente alcuna regola morale cristiana che non sia anzitutto una regola morale ebraica: anche il notissimo « ama il tuo prossimo come te stesso », che si legge nel Nuovo Testamento (Luca 10, 27) e costituisce una delle norme fondamentali del cristianesimo, sta scritto, pari pari, nella Bibbia ebraica (Levitico 19, 18).

Accanto a questi precetti ne esistono numerosissimi altri, – 613, per la precisione – che tanto per intenderci possiamo chiamare pratico-rituali, i quali regolano la vita dell'ebreo in modo abbastanza minuzioso. Ne ricordo un certo numero.

Anzitutto l'ebreo deve continuare a studiare, sempre, per tutta la vita, i testi religiosi. Non tutti osservano scrupolosamente la regola, ma non c'è dubbio che la cultura religiosa di un ebreo praticante è molto superiore – mediamente – a quella di un cristiano praticante, specialmente di un cattolico praticante. Non è infrequente, voglio dire, il caso di un cattolico praticante, sinceramente devoto, magari fornito di una buona cultura generale, il quale non si dia mai, assolutamente mai, la briga di leggere il Vangelo; ma è ben difficile a quanto ho constatato, trovare ebrei praticanti afflitti da un'ignoranza del genere.

L'ebreo osservante è tenuto inoltre a pregare molte volte al giorno, piuttosto a lungo. Durante le preghiere del mattino deve coprirsi con uno scialle rettangolare munito di frange, chiamato *talèd*, e deve allacciare alla fronte e al braccio sinistro i filatteri (*tefillìm*), che sono scatolette nere di cuoio contenenti piccolissimi rotoli di pergamena, sui quali stanno scritti alcuni versetti biblici, riaffermanti l'unicità di Dio, l'amore e la riverenza per Lui, il comandamento di osservare i Suoi precetti.

L'ebreo non può mangiare carne di quadrupedi che non abbiano lo zoccolo fesso e che non siano ruminanti: quindi niente carne di maiale, di coniglio e di cavallo. Quella bovina e ovina (e così pure il pollame) può essere mangiata solo se l'animale sia stato macellato in un modo particolare, eliminando, nei limiti del possibile, ogni traccia di sangue. Quanto agli animali acquatici, egli può mangiare solo le creature fornite di squame e di pinne: quindi niente crostacei e molluschi. Da notare ancora che la legge ebraica proibisce determinati accostamenti di cibi permessi: è proibito, per esempio, cibarsi contemporaneamente di carne (sia pure permessa e macellata ritualmente) e latte o latticini. In definitiva, per un ebreo di stretta osservanza religiosa è quasi impossibile pranzare in un ristorante comune o in case di non osservanti. Per sua fortuna esistono un pò dappertutto macellerie ebraiche ed esistono anche confezioni in scatola di cibi permessi, cioè preparati secondo i precetti: si chiamano *kashèr*.

L'ebreo deve stare sempre a capo coperto, in tutti i momenti e in tutti i luoghi, per rispetto verso Dio. Alcuni si limitano a quello zucchetto che tutti conoscono e che del resto non tutti gli ebrei credenti portano in permanenza. Altri sono più rigorosi. I chassiditi, per esempio, portano una specie di bombetta nera; e notevole, quando la bombetta cade per un colpo di vento o altro, è la sorpresa dei presenti nello scorgere sulla testa dell'ebreo uno zucchetto messo lì, io penso, proprio per fronteggiare questa eventualità.

L'ebreo deve rispettare rigorosamente il sabato – lo *Shabbàth* –: non solo partecipare alla funzione religiosa, ma altresì astenersi da tutta una serie di attività. Egli non può cucinare, non può maneggiare danaro, non può toccare motori o apparecchi di sorta (quindi niente radio, niente televisione, niente automobile, ecc.), non può ballare, non può andare né al teatro né al cinema, ecc. Ma forse è più semplice ricordare le poche cose permesse: mangiare (il cibo cucinato il giorno precedente), passeggiare a piedi, conversare con i familiari e – soprattutto – leggere e studiare. Non si deve credere, però, che il sabato ebraico sia un giorno di penitenza: un po' per l'abitudine, un po' perché essi sentono la solennità della giornata – con la quale si celebra, ad un tempo, il giorno in cui il Creatore riposò e quello della fondazione della nazione ebraica, dopo la fuga dall'Egitto – sta di fatto che per gli ebrei osservanti il sabato è una giornata di sereno raccoglimento, fors'anche di godimento superiore: è la giornata in cui si deve abbandonare ogni altra cura che non sia quella del pensiero e della famiglia e che perciò rende liberi dalla schiavitù del lavoro e del danaro: è uno dei « segreti » dello straordinario perpetuarsi dell'ebraismo nei secoli.

Accanto al sabato, il calendario ebraico contiene numerose altre festività. Mi limito a ricordarne due. La Pasqua (*Pésach*), che ricorda la fuga dall'Egitto e la conquista della libertà: nel corso di essa gli ebrei si nutrono, a ricordo dell'impossibilità di far lievitare il pane in cui si trovarono, per la fretta della fuga, quei loro lontani antenati, solo di cibi non fermentati, fra cui la *matzà*, una specie di cracker (il « pane » che viene spezzato e distribuito da Gesù nell'ultima Cena) Lo *Yom Kippùr*, che cade fra la fine dell'estate e l'inizio dell'autunno, è invece il giorno dell'espiazione: molti ebrei che durante il resto dell'anno non si fanno mai vedere in sinagoga vi affluiscono, completamente digiuni, quando si celebra questa festività, per partecipare alla penitenza collettiva (nella religione ebraica non esiste niente di simile alla confessione) e per riudire, rabbrividendo un poco, il suono cupo dell'antico corno ebraico, che annuncia il giorno del giudizio finale.

4. *Sinagoghe e rabbini*

Non pochi, passando per Torino e guardando la Mole Antonelliana, debbono essersi detti: « A che può servire? Una chiesa non pare, un albergo nemmeno: è una costruzione così strana, ha un che di orientale... ». Infatti ha qualcosa di orientale: la Mole è una sinagoga, per meglio dire doveva esserlo, se circostanze che non è il caso di ricordare non ne avessero mutato la destinazione, che ora è quella di museo.

Viste dall'esterno, le sinagoghe hanno in comune soltanto queste due cose: « qualcosa di orientale », appunto, e il fatto di essere tutte rivolte verso Gerusalemme. Per il resto, esse rispecchiano semplicemente l'epoca in cui furono edificate. E ne furono costruite di molto belle, per la verità: a Bagdad, a Toledo, ad Amsterdam, a Praga, ecc. Qualcuna fu trasformata in chiesa, in tempi di persecuzione, e come tale sopravvive ancora.

L'interno di una sinagoga è piuttosto freddo e spoglio, se confrontato con una chiesa cattolica (lo è meno se paragonato a una chiesa protestante). Infatti non vi sono né statue, né quadri, né affreschi (ricordiamo che gli ebrei non possono rappresentare la divinità); vi sono però decorazioni murarie, stoffe ricamate, candelabri, vetrate multicolori. Di fronte all'ingresso c'è una specie di armadio in cui sta il rotolo della *Torà*; nel centro, una pedana con leggìo per la lettura della *Torà* medesima.

Non sarebbe esatto, specialmente se si ha riguardo al passato, definire la sinagoghe « chiese degli ebrei ». Furono tali, con un po' di approssimazione, il primo e il secondo tempio di Gerusalemme; invece, le sinagoghe posteriori alla dispersione degli ebrei vennero adibite per secoli e secoli non solo ai servizi religiosi, ma pure alle riunioni della comunità (sinagoga è una parola greca che significa « riunirsi insieme ») e altresì ad attività scolastiche. Furono cioè il cuore e il cervello dei ghetti.

Sarebbe altrettanto sbagliato definire i rabbini « i preti degli ebrei ». Fra i rabbini da una parte e i sacerdoti cristiani – preti cattolici, preti ortodossi, pastori protestanti – dall'altra, esistono infatti fondamentali differenze.

Va anzitutto sottolineato che il rabbino non è un'autorità religiosa e non è rivestito di dignità sacerdotale, almeno nel senso che noi diamo a queste espressioni: ciò che lo distingue dagli altri ebrei è essenzialmente il suo grado di cultura religiosa. Ho detto prima che lo studio continuo dei testi religiosi, a partire dai cinque anni, costituisce un vero assioma ebraico. Aggiungo ora che alla fine del corso, il quale occupa per definizione tutta la vita, nessuno si laurea: gli studenti più bravi diventano rabbini, che in ebraico significa « nostri maestri ». Ma sono maestri di un tipo un po' particolare: non tanto insegnano, quanto imparano (giacché non si finisce mai di imparare) con i loro allievi: il *Talmùd* definisce i rabbini coloro che « sanno come si fa a studiare ». Ovvio, quindi, che il loro livello culturale sia decisamente elevato: quasi sempre sul piano della letteratura religiosa, non sempre su questo piano soltanto. Sono esistiti ed esistono ebrei medici, filosofi, scienziati, ecc., che erano e sono, contemporaneamente, rabbini. E che rabbini! Voglio qui ricordare, fra i tanti, Moisè Maimonide, celebre filosofo e medico del XII secolo, cui ho già accennato; David De Pomis, medico, filosofo e scrittore (Italia, XVI secolo); David Gans, storico e astronomo, e Joseph Salomone Delmedigo, medico e astronomo (Cecoslovacchia, XVIII secolo), sostenitori entrambi della dottrina copernicana, Mosè Chaim Luzzatto, scrittore, commediografo e poeta (Italia, XVIII secolo); Nachman Krochmal, storico e filosofo austriaco (XIX secolo); ed infine Dante Lattes, noto scrittore e giornalista di questo secolo.

Vanno poi fatti – continuando nel non agevole confronto fra rabbini e sacerdoti cristiani – altri due rilievi di notevole importanza, in un certo senso impliciti nella precedente osservazione.

Il primo riguarda l'attività propriamente cultuale dei rabbini: essi svolgono bensì diverse mansioni, ma non necessariamente officiano le funzioni religiose. L'officiante del sabato e delle altre festività, ad esempio, non sempre è un rabbino: può essere un fedele qualunque, incaricato di volta in volta, ed il cui requisito essenziale è una buona conoscenza dell'ebraico e degli usi liturgici. Costui mantiene dunque l'ordine, salmodiando l'inizio e la fine delle preghiere e ripetendo forte le benedizioni: i presenti rispondono con un lungo e sonoro *Amèn*.

Il secondo è che al di sopra dei rabbini non esiste alcuna autorità religiosa. Nei tempi antichi esistevano il Sommo Sacerdote ed il Sinedrio: erano due organi dotati indubbiamente di potere nel campo religioso, almeno in certe epoche, ma non è il caso di spiegarne la fisionomia. Sparirono entrambi fra il primo ed il secondo secolo d.C. Più tardi, dopo la dispersione, quando le antiche strutture erano state distrutte, rimasero i *Gaonìm*, i capi delle due maggiori accademie di Babilonia, dotati di grande prestigio come studiosi di cose sacre, ma sostanzialmente privi di autorità religiosa. Comunque sia, i *Gaonìm* scomparvero definitivamente verso il Mille, e da allora è scomparsa ogni tenue traccia di gerarchia: niente che possa far pensare, nemmeno lontanamente, a vescovi, arcivescovi, cardinali e pontefici. Gli unici organismi superiori – più in teoria che in pratica – sono oggi le stesse comunità ebraiche, le quali si quotano annualmente per consentire ai rabbini (che non siano in possesso di un sufficiente patrimonio personale o che non siano dediti ad una professione) un'esistenza dignitosa. Debbo però aggiungere che nello Stato d'Israele esiste un Gran Rabbinato e si va delineando un movimento ideale per la ricostituzione del Sinedrio.

Per finire, restringendo il confronto a preti cattolici e rabbini, vale la pena di notare che per questi ultimi non esiste l'obbligo del celibato. Non solo: il rabbino che prende moglie fa una cosa che non solo è permessa, ma consigliata dalla stessa religione ebraica, secondo cui la vita solitaria è una sventura, il matrimonio senza figli un guaio e una buona moglie il maggior bene che un uomo possa desiderare. Considerando le cose un po' più a monte, H. Wouk, noto scrittore ed esponente dell'ebraismo americano, scrive che « il giudaismo taglia alla radice l'ossessionante concetto occidentale che i rapporti sessuali siano qualcosa di peccaminoso. Questa idea è lo spettro del paganesimo, che si leva dai marmi tratti dagli abbattuti templi di Venere, per costruire le prime chiese cristiane. Il cristianesimo ha soggiogato l'impulso, ma di esso rimane il germe: una secolare tensione spirituale derivante dal senso di colpa. Gli ebrei non hanno né divinizzato né rinnegato il corpo. Ciò che da altre civiltà è stato considerato un'azione vergognosa, o una commedia, o un'orgia, o una necessità fisica, o sublime romanticismo, è per il giudaismo una delle azioni essenziali che Dio vuole compiute dagli uomini... ».

5. *Declino della religione ebraica*

Fino alla Rivoluzione francese la comunità religiosa ebraica rimane relativamente compatta.

Certo, qualche diversità, legata ai tempi ed ai luoghi, si fa sentire. Risale al Medio Evo la distinzione, che si è conservata a tutt'oggi, fra ebrei sefarditi e ebrei aschenaziti: fra gli ebrei dell'Europa occidentale (*Sefaràd* vuol dire « Spagna » in ebraico) e del bacino del Mediterraneo, in migliori condizioni economiche, di solito borghesi, più aperti alla cultura del mondo che li circonda; e gli ebrei dell'Europa centro-orientale (in ebraico *Ashkenàz* significa « Germania »), estranei alla cultura dell'ambiente circostante, poveri, chiusi nella loro fede tradizionale. Essi differiscono, e vanno sempre più differenziandosi con l'andar dei secoli, quanto a pronuncia della lingua, a usanze e anche a liturgia. Ma per quanto riguarda la religione la differenza si ferma qui, alla liturgia: tutto il resto rimane sostanzialmente identico.

Non sono assenti le eresie e gli scismi. Ma questi, o abortiscono sul nascere, oppure si estinguono lentamente col passare del tempo, come avviene per lo scisma karaìta, il quale fiorisce intorno al IX secolo d.C., asserendo il dovere del fedele di attenersi rigorosamente alla lettera della Legge, e con ciò opprimendone l'esistenza con limitazioni rigorose, specie per quanto riguarda le astensioni sabbatiche, ma poi declina inesorabilmente, fino a scomparire del tutto in epoca recente.

Nemmeno, infine, mancano le sette: i più noti sono i chassiditi, che abbiamo già incontrato e che si distinguono per la loro intransigente ortodossia, per certe loro aspirazioni mistiche, ma anche per la loro mitezza, sì da poter rimanere tranquillamente nell'alveo dell'ebraismo tradizionale, di cui costituiscono oggi un bastione.

Dunque, fino alla Rivoluzione francese la vita religiosa del ghetto rimane ferma e uguale dappertutto: rari sono gli ebrei non praticanti, rarissimi i miscredenti, pressoché inesistenti gli atei. Ma quando la Rivoluzione arriva e i portoni del ghetto si spalancano, ha inizio un rapido, drammatico declino. L'intelligenza ebraica, affinata da secoli di aspri studi talmudici, assimila velocemente, voracemente, la cultura europea; le scuole medie e superiori incominciano, soprattutto in Germania, ad affollarsi di giovani ebrei; non c'è campo dello scibile che essi lascino inesplorato. La nuova cultura entra rapidamente nelle menti delle giovani generazioni, l'antica religiosità subisce un pauroso sbandamento.

E qui si comprendono diverse cose. Si comprende anzitutto come la lunghissima esistenza dei ghetti sia stata il frutto non solo di una prepotente volontà esterna, ma anche di una indomita volontà interna che, non potendoli abbattere, li aveva convertiti in fortezze spirituali: come i ghetti abbiano svolto una insostituibile funzione conservatrice dell'antica religiosità, preservandola da « contagi » esterni. Si comprende quindi come la fine dei ghetti sia stata vista con sgomento dai capi delle comunità ebraiche, dolorosamente consapevoli delle conseguenze che ne sarebbero derivate, e come essi abbiano cercato di porvi riparo: gli uni stringendosi nella più rigida ortodossia, gli altri operando in senso opposto, soprattutto con parziali adeguamenti liturgici alla nuova realtà culturale. E si comprende, infine, come taluni ebrei mantenutisi devoti abbiano poi provato per il ghetto un sentimento quasi nostalgico: quella nostalgia che viene suscitata dal ricordo di un mondo spirituale perduto.

Di questo sentimento, per meglio dire della sua lunga sopravvivenza, è oggi un simbolo – un simbolo che sarebbe addirittura grottesco, se non fosse straordinariamente patetico – il gruppo dei *Neturè Karta* (i custodi della città): una minuscola comunità di ebrei ultraconservatori, i quali vivono a Gerusalemme, raccolti in un « ghetto » volontario. Un ghetto ebraico in una città ebraica! Proprio così: esso differisce dal ghetto del passato perché non vi sono mura né chiavi e perché, naturalmente, nessuno vieta agli abitanti di uscirne; tolto questo, ne è un'esatta riproduzione.

Non sarebbe facile, e forse non ne varrebbe la pena, raccontare le vicende religiose degli ebrei durante gli ultimi due secoli. È sufficiente riassumere brevemente la situazione odierna.

Gran parte di loro, come dicevo all'inizio, sono ormai lontani dalla vita della sinagoga. C'è l'ateo, naturalmente: c'è chi magari si professa ateo, ma in realtà non è che un miscredente o, come oggi piace dire, un agnostico; c'è chi, più semplicemente, non sente affatto bisogno della religione.

Quanto ai praticanti, essi possono dividersi, piuttosto approssimativamente, in tre gruppi: gli ortodossi, i quali continuano a seguire con puntiglio le regole di cui ho parlato in precedenza e sono tutt'oggi piuttosto numerosi negli Stati Uniti (da notare che la maggior parte di essi proviene dall'Europa centro-orientale) e, relativamente, in Israele. I liberal-conservatori, che praticano una serie di concessioni verso il mondo moderno (rabbini che si radono, uso dell'automobile al sabato, ecc.) e sono anch'essi numerosi soprattutto negli Stati Uniti, ma tutt'altro che assenti in Europa. Infine, i riformati o radicali, che si spingono notevolmente più in là (essenza del giudaismo ridotta all'adorazione di un unico Dio, inosservanza di ogni prescrizione alimentare) e le cui comunità più consistenti si ritrovano, ancora una volta, particolarmente negli Stati Uniti.

È difficile, naturalmente, tracciare linee nette di demarcazione, così come è difficile formulare previsioni. Ma è mia sensazione che l'albero della religione ebraica, per quanto antichissimo e flagellato da mille tempeste, riuscirà a dare ancora molte foglie e molti frutti prima di morire, se mai morirà.

6. *Essenza della religione ebraica*

Concludo questa esposizione sforzandomi di mettere in luce – in modo necessariamente schematico – l'essenza della religione ebraica. Al quale scopo è utile un confronto con la religione del nostro Paese, che più di ogni altra conosciamo. Orbene, paragonata con la religione cattolica, quella ebraica risulta essere severa, terrena, intellettuale. Cerco di spiegarmi.

La religione ebraica è severa (preferirei dire « austera », se non temessi di mancare implicitamente di riguardo verso la religione cattolica) anzitutto in considerazione delle sue regole: la circoncisione, lo studio indefesso, le lunghe preghiere, gli innumerevoli obblighi, le altrettanto numerose quanto singolari (ai nostri occhi) astensioni. Non che la religione cattolica non sia impegnativa: lo è ben più di quanto non ritengano coloro che l'abbracciano passivamente, e lo è sia dal punto di vista esteriore, se così posso esprimermi, sia (e principalmente) sul piano della coscienza. Ma il lettore che mi ha seguito con attenzione non dovrebbe avere difficoltà a riconoscere che più forte, più penetrante, più severo appunto, sotto ogni aspetto, è l'impegno richiesto all'ebreo credente.

Ma la (relativa) severità della religione ebraica concerne soprattutto il rapporto fra Dio e il credente: il Dio dei cristiani si è incarnato, ha avuto una Madre, si è sacrificato per tutti, sicché agli occhi dei credenti Egli risulta più vicino, più accessibile, di quanto non sia l'altissimo, innominabile e non rappresentabile Dio degli ebrei. Forse niente riesce a esprimere bene ciò che vado dicendo come il diverso significato che assume nelle due religioni quell'atto universale del credente che è la preghiera. Al di là delle Scritture, dell'insegnamento della Chiesa e della stessa liturgia – secondo le quali la preghiera è innanzitutto adorazione, ringraziamento, propiziazione, impetrazione fiduciosa, abbandono in Dio: basta ripetere il « Padre Nostro » per rendersene conto – per il cattolico « comune » (non, dunque, il cattolico praticante solo per tradizione, per rispetto del suo ambiente, per convenienza, ecc. – che in realtà non è niente: né cattolico né altro –, ma il cattolico il quale sia bensì convinto della sua fede, cosciente dei suoi doveri religiosi, ecc., ma non si elevi al di sopra della media) pregare vuol dire, abbastanza spesso, chiedere qualcosa: una cosa elevata, spirituale, come la liberazione dalle tentazioni, oppure una cosa materiale, ma importante, come la guarigione da una malattia, oppure ancora una cosa materiale e relativamente banale, come una promozione, ecc. Ben diverso è l'atteggiamento del « comune » ebreo credente. La preghiera recitata allo scopo di ottenere qualcosa occupa scarso posto nella religione ebraica. Per lo più si limita ad affidare le sorti dell'individuo nelle mani del Signore e a meditare sui passi delle Sacre Scritture, che spiegano chiaramente i pochi punti essenziali della religione. Lo scopo quotidiano è quello di rinnovare il fervore religioso con un atto che conferma l'identità ebraica e la speranza in Dio. Non sempre è così, naturalmente, perché tutti gli uomini, in certe circostanze, si comportano allo stesso modo, sicché vi sono occasioni in cui anche la preghiera dell'ebreo consiste nel chiedere: lo stesso Mosè prega Dio di conservargli in vita, liberandola dalla lebbra, la sorella Miriam (Numeri, 12, 13). Ma proprio quello ora descritto, per quanto ne so, è l'atteggiamento normale dell'ebreo che prega: per lui la preghiera è un atto assolutamente disinteressato. A noi può parere strano, abituati come siamo, soprattutto a livello popolare, ad identificare (o quasi) il pregare con il chiedere. Eppure è così.

Vi sono poi altre cose importanti che differenziano profondamente le due religioni, sul punto dei rapporti fra Dio e l'uomo, cui accenno soltanto: l'intercessione, imperniata sul culto della Vergine dei Santi, che è naturalmente del tutto ignota agli ebrei; l'indulgenza, la grazia, i miracoli, che sono cose parimenti lontane, lontanissime anzi, dal loro mondo religioso.

La religione ebraica è terrena (ma i concetti che seguono non sono del tutto estranei all'insegnamento della Chiesa, specie al più recente: penso in particolare all'Enciclica *Gaudium et spes*) nel senso che secondo la religione ebraica tutta la vita, sia nei suoi aspetti materiali sia nelle sue più elevate manifestazioni spirituali, deve essere non solo accettata, ma onorata.

Significative sono diverse annotazioni fatte in precedenza, soprattutto nelle pagine dedicate a Dio e all'Aldilà. E a questo proposito afferma A. Milano, un altro studioso ebreo, che « il regno di Dio non è una promessa che si libra su irraggiungibili sfere celesti. L'ebreo ritiene fermamente che questo regno ha infiniti addentellati sulla terra, uno presso ogni individuo. Quando tutti gli uomini, nello svolgimento della loro vita terrena, si saranno conformati ai dettati divini, questi infiniti addentellati potranno agire tutti insieme in forma così decisiva da condurre sulla terra il regno di Dio. Ma il primo sforzo deve provenire proprio da essi ebrei [...]. Di qui la rigidità delle norme che ispirano la loro condotta, l'intransigenza di alcuni loro atteggiamenti, la particolarità di molti usi e costumi ». Di qui, aggiungo, il senso dell'espressione « popolo eletto », così spesso fraintesa: non si tratta di un'arrogante affermazione di superiorità, quanto dell'accettazione intrepida di una condizione onerosa: gli ebrei (inutile dire che sto sempre parlando degli ebrei credenti) si ritengono « eletti », non nel senso che si considerino preferiti da Dio agli altri, bensì in quanto si sentono scelti da Dio per dare un esempio di come si debba affrontare la vita: con severità, ma anche con serenità.

Significativa è pure la circostanza che fra gli ebrei non esiste né mai è esistito niente di simile agli ordini monastici, la cui importanza in ordine alle vicende e alla stessa essenza del cristianesimo non è certo trascurabile. Non esiste infatti, nella religione ebraica, nessuna sollecitazione ad appartarsi (sia pure per svolgere una più intensa opera di carità verso Dio e verso il prossimo), nessuna riprovazione del mondo, nessun bisogno di « fuga »: « Essenzialmente ottimista » spiega Epstein « il giudaismo non vede nel mondo il male né crede che la vita sia gravata da una maledizione [...] Dio vuole che l'uomo gioisca di tutte le belle cose di cui la terra è piena [...] il corpo umano è il sacro vaso in cui si cela una scintilla divina [...] trascurare il corpo e i bisogni fisici significa offendere Dio [...] ».

Dunque, se ho ben compreso, si può dire che la religione ebraica non conosce confini fra attività religiosa e attività pratica, fra l'ossequio religioso e il dedicarsi a cose terrene: essa è unità, unità assoluta, fra divino e umano, fra preghiera e azione, così come è unità fra individuo e famiglia, fra famiglia e popolo, fra padri e figli e figli dei figli.

La religione ebraica è intellettuale perché pone lo studio continuo, indefesso, faticoso dei Testi Sacri come regola fondamentale. Come ho già rilevato, si può benissimo essere cattolici praticanti, sinceramente e profondamente, conoscendo pochissimo, o niente del tutto, la Storia Sacra e la teologia cristiana: senza leggere mai il Vangelo, senza nemmeno tenerlo in casa. È pressoché inconcepibile, invece, un ebreo praticante, un « comune » ebreo praticante, che non abbia studiato a lungo la *Torà*, che non abbia esercitato la sua mente sul *Talmùd* e sulla letteratura rabbinica, che non sappia destreggiarsi nella difficile casistica della legge ebraica.

7. *La religione ebraica e il carattere degli ebrei*

A questo punto il lettore non dovrebbe avere difficoltà a concordare su queste due considerazioni di carattere generale.

In primo luogo, quello che viene spesso considerato come un « segreto » degli ebrei, il « come mai? » della loro straordinaria sopravvivenza, cessa di essere un segreto, non appena si consideri da vicino l'essenza della loro religione. È questa religione, che i non ebrei per lo più conoscono pochissimo e solo nei suoi aspetti più superficiali o pittoreschi – il divieto di ingerire carne suina, lo zucchetto, la circoncisione, i rabbini con la barba, ecc. –; è questa religione, ben più antica non solo del cristianesimo, ma anche delle più antiche religioni d'Oriente, a cominciare dal buddismo, eppure non priva di tratti di sorprendente « modernità » (si pensi all'assenza di gerarchie ecclesiastiche, oppure all'immediatezza del rapporto fra Dio e l'uomo); è questa religione, con la severità dei suoi precetti, con la sua inscindibile unità di sacro e di profano, con la sua intima, radicata convinzione che il Regno dev'essere costruito qui, sulla terra, sotto la guida di Dio, ma dalle mani dell'uomo: è questa religione, nata allo scopo di guidare un popolo e difenderlo dai suoi nemici, a spiegare, sia pure insieme ad altri elementi (socio-economici, politici, culturali, ecc.), come gli ebrei abbiano potuto sopravvivere sino a oggi, resistendo per tanti secoli a ogni traversia e ogni orrore. « Il Regno di Dio, » per citare un'ultima volta Epstein « nel suo ambiente terrestre e sociale, dà la chiave per risolvere l'enigma dell'esistenza del popolo ebraico. Gli ebrei, si è detto, credono nella speranza contro ogni speranza. Nessun popolo ha sofferto più crudelmente l'"inumanità dell'uomo nei confronti dell'uomo", eppure essi non hanno voluto disperare del mondo e dell'umanità e non hanno mai perduto la fede nella definitiva rigenerazione e perfezione dell'uomo. Essa non è un prodotto di un'epoca posteriore, di un senso di delusione che cercasse sollievo nella vaga speranza di un futuro migliore. È una genuina tradizione storica, basata sulla convinzione che questo è il mondo di Dio [...] ».

La seconda considerazione è che evidentissimi sono i rapporti fra la religione ebraica e l'indole ebraica. A me viene fatto di pensare a quei fogli di carta la cui filigrana, guardata contro luce, lascia trasparire un profilo umano.

E allora? Da che cosa deriva il carattere ebraico, cioè il complesso di quelle qualità morali e intellettuali che, come si è visto, sono tutt'oggi comuni a molti ebrei? Dall'antisemitismo, come ho sostenuto in precedenza, oppure dalla religione di Mosè, come ora parrebbe? Porre il problema in questi termini equivale a porlo male: è chiaro che entrambi gli elementi hanno avuto un gran peso, per cui il quesito va diversamente formulato: quale dei due ha avuto, storicamente, un'importanza maggiore? A me pare l'antisemitismo; e ne indico le ragioni.

Innanzitutto la religione ebraica spiega semplicemente certe tendenze, certi orientamenti di carattere generale, ma non spiega come tali orientamenti abbiano poi preso una certa, precisa direzione; il che si chiarisce, invece, non appena si considerino le cose nella prospettiva storica dell'antisemitismo. Un paio di esempi.

La religione, dicevo, spinge gli ebrei a un impegno continuo ed è comprensibile, quindi, come essi siano particolarmente attivi e abili nello svolgimento delle loro attività. Rimane da vedere per quale ragione le loro energie si siano indirizzate verso certe attività, come gli affari, e non verso altre. E la spiegazione è una sola: perché l'antisemitismo li ha costretti a indirizzarle proprio in certe direzioni.

La religione, dicevo inoltre, impone agli ebrei di studiare: di studiare i testi sacri, per la precisione. Come mai, allora, essi si sono sempre dati allo studio anche di altre materie, come la scienza medica, le lingue, ecc., fino dai tempi in cui la società cristiana era immersa nell'analfabetismo, migliorando sempre le loro doti intellettuali? Nessun dubbio: perché le restrizioni antisemite li mettevano nella necessità di coltivare materie come queste.

Si aggiunga che certe inclinazioni ebraiche non trovano motivo di essere nella loro pratica religiosa. Il loro cosmopolitismo, per esempio. È vero che il *Talmùd* contiene il principio, dagli ebrei spesso e volentieri ricordato, che « la legge del paese è legge », ma ciò a me sembra semplicemente una prudente affermazione di legalitarismo (abbastanza simile al nostro « date a Cesare ecc. ») e non spiega affatto quelle tendenze cosmopolitiche e internazionalistiche di cui ho parlato, che trovano la loro ragione nelle migrazioni provocate dall'antisemitismo. L'inclinazione di molti ebrei, per fare un altro esempio, all'autoironia, a scherzare facilmente sui loro difetti: inclinazione che non deriva certo dall'essenza religiosa ebraica, ma trova la sua patetica spiegazione nello stato d'animo di chi vuole uscire da una condizione di inferiorità e osserva allora se stesso « dal di fuori », allo scopo di confondersi con gli « altri ».

Ancora un'osservazione, sulla quale mi permetto di richiamare l'attenzione del lettore. Indubbiamente, all'innegabile influenza esercitata dalla religione ebraica non è estranea la circostanza che fino a non molto tempo fa tutti gli ebrei, in pratica, erano religiosi. Ma da che deriva, a sua volta, tale circostanza? Lo abbiamo appena visto: dal fatto che fino a non molto tempo fa tutti gli ebrei vivevano nei ghetti. È dunque al ghetto, cioè all'antisemitismo, che il giudaismo deve il lunghissimo perdurare della sua compattezza e, con ciò, dei suoi effetti. Non basta. A ben vedere, l'antisemitismo ha avuto un'importanza assai notevole non solo in ordine alla durata, ma pure nei confronti dello stesso contenuto della religione ebraica, costringendola per così dire a girare all'infinito su se stessa: la letteratura talmudica e rabbinica stupisce infatti, oltre che per la vastità e la complessità, anche per l'approfondimento dei suoi temi e per l'interminabile, tormentato discorso che vi si svolge.

Per concludere, sebbene io sia ben lontano dallo sminuire l'importanza della religione ebraica, anzi, sebbene io sia convinto che essa abbia avuto una grandissima importanza nelle vicende ebraiche, credo di poter tenere fermo il mio (e non solo mio, come ho già detto) convincimento: gli ebrei – intendo dire gli ebrei di oggi, considerati dal punto di vista di quel complesso di caratteristiche morali e intellettuali che abbiamo visto essere comuni a molti di loro – sono un prodotto storico dell'antisemitismo.

Capitolo quarto

Dal sionismo a Israele

1. *Il problema ebraico, l'assimilazione e l'ebraismo*

Si sente dire spesso che il problema ebraico è antichissimo. Cacciati dalla Palestina, dispersi per il mondo, gli ebrei non cessarono mai di desiderare ardentemente la loro antica patria; dopo molti secoli, superati ostacoli di ogni sorta, ecco oggi il ritorno al focolare perduto. Tale – detto in parole estremamente povere – sarebbe il problema ebraico, tale la sua soluzione. Ma la realtà è piuttosto diversa.

Fino alla Rivoluzione francese, non risulta che le condizioni di vita degli ebrei siano mai state messe in discussione. Gli ebrei vivevano come vivevano, cioè molto male, in complesso, ma con l'andare dei secoli essi avevano finito per accettare, confortati in ciò dalla tradizionale attesa di un Messia liberatore, la tragicità del loro stato: vi si erano immedesimati, in un certo senso. E (sebbene molti testi ebraici attestino l'esistenza di una certa aspirazione alla libertà) di quella che più tardi fu chiamata « emancipazione » non si parlava ancora. D'altra parte, questa loro posizione nella società faceva piuttosto comodo ai cristiani, i quali trovavano ovvio e sacrosanto che gli ebrei fossero trattati e continuassero a essere trattati da ebrei.

Reale era dunque l'oppressione degli ebrei, pressoché irreale è il supporre che tale oppressione fosse sentita dagli oppressori come una questione da affrontare, dagli oppressi come una questione che leggi più eque potessero veramente risolvere. E siccome ritengo che una questione non sentita (o non ancora sentita) si debba considerare una questione inesistente (o non ancora esistente), penserei di dover escludere che fino alla Rivoluzione si possa correttamente parlare di un « problema ebraico ».

Le cose cambiano appunto con la Rivoluzione francese. Da un lato si ha un nuovo stato di cose: l'emancipazione ebraica, cioè l'estensione dell'uguaglianza civile, la fine di ogni discriminazione, l'apertura dei ghetti. Dall'altro compaiono forze sociali che, sfruttando arcaici sentimenti e risentimenti popolari, contestano il nuovo stato di cose: sono reazionari d'ogni specie, clericali, soprattutto piccolo-borghesi, gelosi dei loro affari e preoccupati della concorrenza ebraica. Ed ecco nascere verso la metà dell'800 una nuova questione sociale: per l'appunto la questione ebraica.

Alla vigilia della Rivoluzione, l'antisemitismo consisteva nel mantenere un certo stato di cose: la tristissima condizione degli ebrei. Dopo, esso consiste nel contestare un diverso, anzi opposto stato di cose: la sopravvenuta emancipazione ebraica. Prima era statico, poi diviene dinamico (la parola « antisemitismo » compare proprio nell'epoca di cui stiamo parlando): si trasforma in un grosso movimento aristocratico, piccolo-borghese e popolare ad un tempo: un movimento evidentemente reazionario, perché indirizzato a capovolgere il corso della storia. Ed è solo a partire da quest'epoca, ripeto, che si può correttamente parlare del problema ebraico come di un problema reale. Cerco adesso di precisarne il significato.

Dagli antisemiti lo si è sempre presentato così: come liberarsi dalla dannosa influenza degli ebrei. E siccome a me non risulta che in passato gli ebrei abbiano mai esercitato, di loro volontà, alcuna dannosa influenza (e vorrei che chi è di opinione contraria mi spiegasse con precisione dove, come, quando, a giudizio di chi, si sia mai verificato qualcosa del genere) ritengo semplicemente che, inteso in tal senso, il « problema ebraico » non sia che una creazione artificiale e menzognera. Sono lontano, naturalmente, dal ritenere che non siano mai esistiti singoli ebrei dannosi alla società; dico semplicemente, anzi, escludo che gli ebrei come gruppo abbiano mai dato prova di essere, sul piano sociale, peggiori degli altri uomini.

Invece, dagli ebrei e dai loro amici il problema ebraico è sempre stato inteso – continuando a spiegare le cose con una certa approssimazione – come il problema di liberare gli ebrei stessi, e altresì le nazioni in cui esistono comunità ebraiche, dalla peste dell'antisemitismo. E siccome l'antisemitismo è stato (ed in qualche parte del mondo continua ad essere) una vera peste, questo è a mio avviso l'unico, vero significato del problema.

Detto ciò, rimane da parlare della sua soluzione, per meglio dire delle soluzioni fin qui prospettate.

Secondo la grande maggioranza degli amici degli ebrei, soprattutto dei democratici di sinistra, ma anche secondo diversi ebrei, la soluzione consiste nell'assimilazione: abbandono della religione, matrimoni misti, quindi estinzione della cosiddetta « identità ebraica ».

Ora, non c'è dubbio che si tratta di una alternativa seria e concreta, oltretutto conforme ad un processo storico in corso (che riguarda non solo gli ebrei, ma tutte le minoranze): da qualche secolo a questa parte, dove più dove meno, qui in condizioni di assoluta libertà di scelta, là in condizioni opposte si sta verificando un'ininterrotta confluenza del torrentello ebraico nella fiumana non ebraica. C'è chi di ebraico conserva solo il nome, c'è chi preferisce abbandonarlo, utilizzandone magari, come ultimo, tenue ricordo, la traduzione: in Italia, Jona diventa talvolta Colombo, Zevi diventa Cervi, Cohen diviene Sacerdote, e via dicendo.

Altrettanto indubbio è che si tratta di una soluzione radicale: l'assimilato, il non-più-ebreo, colui che semplicemente discende da ebrei, non ha di che temere: tanto meno ha da temere quanto più l'ascendenza ebraica si allontana nel tempo.

Eppure, sebbene possa sembrare seducente, l'assimilazione presenta ai miei occhi un aspetto urtante. Niente in contrario a che gli ebrei possano, se lo vogliono, assimilarsi; ma per quale ragione la scelta dovrebbe essere limitata al dilemma: o l'assimilazione, oppure il rischio di discriminazioni antisemite? Non è preferibile, sul piano morale, che essi possano scegliere di rimanere integralmente ebrei, senza dover affrontare alcun rischio? Che essi possano contribuire a edificare un mondo migliore proprio in quanto ebrei? Dico di più: il democratico che considera l'assimilazione come unica possibile soluzione del problema ebraico mette involontariamente in opera una specie di ricatto, dando così ragione, in definitiva, all'antisemita. Acutamente osserva Sartre, a proposito dell'atteggiamento verso l'ebreo dell'antisemita e del democratico assimilazionista, che « il primo lo vuole distruggere come uomo per non lasciare sussistere in lui che l'ebreo, il paria, l'intoccabile; il secondo lo vuole distruggere come ebreo per non conservare in lui altro che l'uomo, il soggetto astratto e universale dei diritti del cittadino ».

Comunque sia, l'assimilazione è per il momento solo un'ipotesi (piuttosto lontana) di soluzione del problema ebraico. Vi sono tutt'oggi molti ebrei che non hanno la benché minima intenzione di assimilarsi; e la loro decisione di restare integralmente ebrei è talora tanto più ferma quanto maggiori sono le blandizie (o, come ancora capita in qualche parte del mondo, le minacce).

Così dicendo, ci siamo messi in condizione di avvicinarci al significato di una delle parole di meno agevole comprensione della tematica ebraica: mi riferisco al cosiddetto « ebraismo ».

A prima vista, si pensa a qualcosa di simile al cristianesimo, all'islamismo, al buddismo, ecc.: l'ebraismo – può venir fatto di dire – non è che la religione ebraica. Ed in effetti è un significato della parola di cui sto parlando, ma non è il solo. Per « ebraismo » si può anche intendere qualcosa di più vasto, di più profondo: il complesso dei valori che gli ebrei hanno saputo esprimere nei secoli, con la loro religione, la loro cultura, le loro tradizioni. Ma non basta: c'è l'ebreo che conosce e apprezza tali valori, ma che non costituisce una testimonianza vivente dell'ebraismo. Occorre ancora qualcosa.

E questo qualcosa, a mio avviso, è da intendere come *fedeltà* agli anzidetti valori. Fedeltà che talora si esprime in termini elevati, commoventi, come in queste parole pronunciate da Nello Rosselli al convegno giovanile ebraico tenutosi a Livorno nel novembre 1924:
« ... Io sono un ebreo che non va al tempio il sabato, che non conosce l'ebraico, che non osserva alcuna pratica di culto. Eppure io tengo al mio ebraismo e voglio tutelarlo da ogni deviazione, che può anche essere amplificazione, come attenuazione... ». « ... Ma voi direte: allora, in che ti senti ebreo? Cos'è questo ebraismo al quale tieni così gelosamente?... ».
« Mi dico ebreo, tengo al mio ebraismo perché è indistrut-

tibile in me la coscienza monoteistica, che forse nessun'altra religione ha espresso con tanta nettezza, perché ho vivissimo il senso della mia responsabilità personale e quindi della mia ingiudicabilità da altri che dalla mia coscienza e da Dio; perché mi ripugna ogni pur larvata forma d'idolatria; perché considero con ebraica severità il compito della nostra vita terrena e con ebraica serenità il mistero d'oltre tomba; perché amo tutti gli uomini [...] e ho quindi quella concezione sociale che mi pare discenda dalle nostre migliori tradizioni; perché ho quel senso religioso della famiglia che, a chi ci guarda dal di fuori, appare veramente come una fondamentale e granitica caratteristica della società ebraica... »;

ma che assai spesso è da intendere molto più alla buona: in senso affermativo, come volontà di conservazione di tutto ciò che di ebraico l'ebreo reca in sé; in senso negativo, come rifiuto dell'assimilazione, come anti-assimilazionismo.

A sua volta, l'anti-assimilazionismo si manifesta in due modi. O come libera scelta individuale dell'ebreo; ed è un atteggiamento apprezzabile, soprattutto in vista dei rischi che tale scelta può comportare. Oppure come rimprovero, come deplorazione rivolta agli ebrei assimilazionisti; e codesto è invece un atteggiamento che ritengo francamente riprovevole, appunto perché, come tutti gli altri uomini, gli ebrei dovrebbero restare liberissimi di fare quello che vogliono: assimilarsi o riaffermare la propria identità.

2. *Sionismo e antisionismo*

Ora, se si prescinde dall'assimilazione, che altra soluzione rimane? « Il sionismo », rispondono molti ebrei anti-assimilazionisti; il quale sionismo, dice l'Enciclopedia Treccani (1933), è « il movimento moderno tendente alla costituzione in Palestina di una sede nazionale ebraica, per dare modo a quegli ebrei che non si sono assimilati e che non vogliono o non possono assimilarsi alle popolazioni in mezzo a cui vivono di riprendere la loro esistenza di popolo indipendente ». Ma procediamo con ordine.

La nascita del movimento sionista risale agli ultimi decenni del secolo scorso. Si tratta dunque di un movimento relativamente recente; un po' meno recente della parola « sionismo » (da Sion, collina di Gerusalemme), che fu usata per la prima volta dallo scrittore ebreo Birnbaum nel 1895.

Non risulta che in epoche anteriori gli ebrei, se si prescinde da qualche sporadico episodio (possiamo ricordare il grande poeta Jehudà Ha-Levi e il talmudista italiano Ovadià da Bertinoro), abbiano mai preso in considerazione l'eventualità di trasferirsi in Palestina. Nonostante il tradizionale saluto alla fine della cerimonia del *Sedèr*, nella Pasqua ebraica: « l'anno prossimo a Gerusalemme », non credo che il prestatore di denaro o il medico ebreo abitante nella Roma del '400, o il pellicciaio ebreo di Vilna del '700, avessero veramente intenzione di partire per la Palestina, come del resto non l'hanno, nella loro maggioranza, gli odierni ebrei d'Italia o di Francia. E non potevano nemmeno averla, a pensarci bene, giacché gli ebrei del '400 e del '700, essendo molto religiosi, attendevano l'avvento del Messia; e proprio Lui, soltanto Lui, secondo la tradizione, si sarebbe dovuto rendere promotore e garante del grande ritorno. D'altra parte, non si possono obiettivamente misconoscere le innumerevoli difficoltà – distanze enormi, isolamento delle singole comunità ebraiche, ecc. – che vi si frapponevano.

L'attesa del Messia finì per rivelarsi lunghissima, interminabile. Ma quello che a sua volta pareva destinato a rimanere niente più che un vago, nostalgico desiderio di rimettere piede in Palestina, divenne invece, quasi all'improvviso, un vasto e complesso movimento: per l'appunto il sionismo. Le ragioni sono essenzialmente due.

L'una, come prima accennavo, è costituita dall'insorgere del problema ebraico, verso la metà dell'800, e dalla conseguente aspirazione di molti ebrei a una soluzione diversa dall'assimilazione: aspirazione che si fa tanto più viva quanto più grave diviene il problema stesso, cioè quanto più virulenta è l'opposizione all'emancipazione ebraica, come nell'Europa orientale.

L'altra è di carattere ideologico. Mi riferisco anzitutto all'illuminismo, cioè a una corrente di pensiero che pretende di dare, a dispetto dell'ignoranza e del pregiudizio, una soluzione quanto più possibile « razionale » ad ogni problema: è conforme ai lumi della ragione – si afferma – che gli ebrei possano disporre di una loro terra, come ogni altro popolo, e quale terra è più adatta di quella originaria? Ma mi riferisco soprattutto al concetto stesso di nazione, che occupa una posizione preminente nella storia del pensiero politico europeo del secolo scorso e che esige il diritto di ogni gruppo etnico alla propria indipendenza: perché mai – dicono in sostanza molti intellettuali ebrei – mentre gli ungheresi, i polacchi, gli italiani si battono per la loro indipendenza, non dovremmo noi fare altrettanto? E come potremo essere indipendenti, noi ebrei che viviamo dispersi in tante nazioni, se non raccogliendoci in un unico punto? Ma quale punto, se non quello che la nostra tradizione e la nostra « nazionalità » ci assegnano?

Non tutti gli ebrei della fine dell'Ottocento furono sionisti, così come non sono sionisti molti ebrei di oggi.

Non furono sionisti gli ebrei conservatori e ultra-conservatori, fermi nella loro attesa messianica, oppure critici del carattere troppo « laico » del movimento sionista. Non lo furono, nella loro grandissima maggioranza, gli ebrei residenti nei paesi arabi e in altre lontane contrade, che del resto sono rimasti per lo più estranei al movimento sionista fino a non molti anni or sono. Non lo furono gli ebrei estranei all'ebraismo, disposti ad assimilarsi e non impediti di farlo. Né lo furono numerosi ebrei socialisti (sebbene non siano affatto mancati, come si vedrà in seguito, gli ebrei sionisti-socialisti: alcuni accentuatamente sionisti, altri accentuatamente socialisti): fermamente decisi, non meno dei sionisti, a risolvere il problema ebraico, essi ritenevano che la soluzione si sarebbe dovuta realizzare in due tempi. Dapprima con l'avvento del socialismo, la definitiva e reale emancipazione di tutti gli uomini (e non soltanto degli ebrei), la fine di ogni sfruttamento, la scomparsa delle classi. Quindi con la libera e naturale assimilazione, oppure con il riconoscimento, all'interno delle singole nazioni (a loro volta destinate a scomparire), di autonomia culturale e religiosa alle comunità ebraiche.

Inoltre, questi ebrei socialisti non solo non lottarono mai (nella loro grande maggioranza) per il ritorno in Palestina, ma combatterono contro il sionismo, considerandolo un movimento piccolo-borghese, nazionalista, sostanzialmente reazionario: quindi sterile, anzi dannoso per la causa degli ebrei.

« La questione ebraica è stata posta dal capitalismo moderno » scriveva Abram Léon, un pensatore ebreo di formazione marxista, alcuni decenni or sono, « che ha distrutto la base secolare dell'esistenza del giudaismo, distruggendo la società feudale e, con essa, la funzione degli ebrei come popolo-classe... »; conseguentemente « l'ideologia sionista, come tutte le ideologie, non è che il riflesso distorto degli interessi di una classe, l'ideologia della piccola borghesia ebrea, che soffoca tra le rovine del feudalesimo e il capitalismo in declino ».

A questo punto si debbono fare due precisazioni, che ritengo di notevole importanza e su cui vorrei richiamare l'attenzione del lettore.

Mentre è esistito un grande movimento sionista, per meglio dire un vasto complesso di movimenti sionisti, non è mai esistito – fra gli ebrei – un movimento antisionista: vi sono bensì stati e vi sono ebrei non sionisti e (soprattutto nelle comunità ortodosse) ebrei antisionisti; ma costoro non hanno mai dato vita, a quanto mi consta, a una organizzazione politica tale da contrastare lo sviluppo storico del sionismo.

Inoltre, mentre il sionismo appartiene esclusivamente alla storia del pensiero politico ebraico, l'antisionismo appartiene alla storia del pensiero politico in genere. Voglio dire che il pensiero antisionista è stato elaborato, difeso e portato avanti non solo da ebrei, ma anche e soprattutto da pensatori e uomini politici non ebrei, nonché da partiti e governi non ebraici.

Delineare un panorama dell'antisionismo di origine non ebraica porterebbe via troppo spazio. Mi limito quindi a ricordare quello che, secondo me, può considerarsi l'esempio più significativo: parlo di Lenin, che non era ebreo (se non da parte della nonna paterna) e fu sempre, come si spiegherà in seguito, apertamente antisionista. E l'antisionismo, come tutti sanno, costituisce tutt'oggi una componente di non trascurabile importanza della politica dell'Unione Sovietica, sia interna che estera.

La seconda precisazione è che l'antisionismo va tenuto *nettamente* distinto dall'antisemitismo. Quest'avvertenza può sembrare superflua al lettore meglio informato; ma non è così, visto che in realtà si confondono spesso le due cose, sebbene siano profondamente diverse.

L'antisemitismo, come sappiamo, è avversione, al limite odio verso gli ebrei. L'antisionismo è invece un certo modo di pensare o di sentire intorno al problema ebraico: è il punto di vista di chi ritiene che il sionismo non solo non giovi alla sua soluzione, ma sia addirittura dannoso.

L'antisemitismo, come sappiamo, è avversione, al limite vagio. Invece l'antisionismo è una corrente di pensiero come un'altra: voglio dire che si può approvare l'antisionismo oppure no (io, per esempio, non sono né filosionista né antisionista: sono soltanto uno che cerca di capire queste cose e, se gli riesce, di spiegarle), ma che non si può condannarlo come se si trattasse di un'aberrazione. Un'aberrazione è stato ed è l'antisemitismo – che talvolta assume la maschera dell'antisionismo, come pure si vedrà – alla pari di qualunque altra forma di pregiudizio religioso o razziale.

È vero che l'antisemita è assai spesso anche antisionista: Hitler, ad esempio, era antisemita e antisionista. Naturale: odiare gli ebrei vuol dire odiare tutto quello che fanno gli ebrei; ed il sionismo, come ho appena detto, è un prodotto prettamente ebraico. Ma non è assolutamente vero il contrario: si può benissimo essere antisionisti senza essere affatto antisemiti. Potrei citare un'infinità di esempi, ma mi limito a ricordare ancora Lenin, che fu bensì antisionista, ma non fu affatto antisemita; anzi, Lenin combatté sempre, con estrema chiarezza e con estrema decisione, ogni forma di antisemitismo. Ed anche di questo si riparlerà.

3. Teodoro Herzl e il movimento sionista – Nascita d'Israele

Come ho accennato, i movimenti sionisti furono ben più di uno, di diversa origine e di diverso contenuto, molto spesso in aspro contrasto fra loro. Vi furono sionisti per così dire di destra, religiosi e tradizionalisti; sionisti di estrazione laica; sionisti di tendenze socialiste, più o meno accentuate; e così via.

Non è il caso di illustrare uno per uno tutti questi movimenti. Mi limito pertanto a considerare quello che, alla resa dei conti, doveva rivelarsi il più significativo: il movimento cui diede vita Teodoro Herzl.

La vita di Teodoro Herzl è veramente emblematica. Colui che sarà poi considerato il padre del sionismo nasce e trascorre la propria giovinezza, scrive un suo biografo, « in un ambiente di assimilazione, nel quale vibravano ancora i bagliori del sole ebraico che andava verso il tramonto, le vestigia di una vita e di una nostalgia che stavano per essere cancellate dalla valanga della nuova storia ». Il padre è un ricco ebreo borghese di Budapest, pressoché assente dalla sinagoga; la madre, ebrea tedesca, non è meno lontana dalla tradizione; e Teodoro, che vede la luce nel 1860, vive la sua gioventù come qualunque altro giovane borghese: studia, partecipa alla vita mondana. Egli conosce, è vero, le persecuzioni dei suoi antenati, s'interessa all'insorgente problema ebraico, legge diversi libri sull'argomento, ma in tal modo non fa che placare l'inesauribile sete di sapere della sua aperta e versatile mente.

Nel 1895, già letterato, commediografo e giornalista di fama, Herzl è a Parigi, proprio mentre vi esplode il celebre « caso Dreyfus ». La Francia sembra sconvolta da un'ondata di antisemitismo: per le strade si grida « morte agli ebrei! »; un deputato propone che essi vengano concentrati in un solo punto della nazione. Per Herzl è una folgorazione: « Il mio giudaismo » scrive nel suo diario « mi era indifferente: giaceva sotto la soglia della mia coscienza. Ma come l'antisemitismo spinge al cristianesimo gli ebrei vili, a caccia di onori, così ha fatto violentemente irrompere in me il mio giudaismo ». E dopo qualche mese di febbrile gestazione nasce il suo noto libro: *Lo Stato ebraico – Tentativo di una soluzione moderna della questione ebraica.*

È un'opera singolare, attraente. Tre cose colpiscono subito. Anzitutto, l'obiettività, direi la freddezza di Herzl: a volte pare quasi che egli veda gli ebrei « dall'esterno ». Poi, in contrasto con tale suo tono distaccato, certi slanci improvvisi (« Lo Stato Ebraico è una necessità universale: esso quindi sorgerà »), certe profetiche visioni (« ...le nostre genti nella nuova vita si daranno al lavoro anima e corpo: il mondo vedrà allora che popolo laborioso siamo noi! »), che affascinano veramente il lettore. Infine, la chiarezza, la concretezza, la minuziosità con cui egli spiega il suo programma.

« Noi ebrei » egli dice « siamo ciò che di noi si è fatto nei ghetti »; ed è perciò che « siamo evoluti in modo strano »: « siamo un popolo di ceto medio, eccelliamo nella negoziazione del denaro perché vi siamo stati spinti nell'età di mezzo »; però soffriamo di una « superproduzione di intelligenze medie, che non hanno né un deflusso verso il basso né uno sfogo verso l'alto: verso il basso diveniamo sovversivi, costituendo i sottufficiali d'ogni partito rivoluzionario; e contemporaneamente cresce verso l'alto la nostra temibile potenza finanziaria ». È per questo che l'emancipazione, sotto certi aspetti, ha aggravato il « problema ebraico »: ne è nato l'odierno antisemitismo, per molti versi peggiore dell'antico. « Io credo » continua Herzl « di comprendere l'antisemitismo, un movimento per molti aspetti complicato. Lo considero come ebreo, ma senza odio e senza timore; credo di riconoscervi quanto v'ha di scherzo grossolano, di vile gelosia di pagnotta, di pregiudizio ereditario, d'intolleranza religiosa – ma anche quel che v'ha di presunta legittima difesa... ». D'altra parte, l'antisemitismo « sussiste dovunque vivano ebrei in numero considerevole; dove esso non è, viene importato da ebrei che immigrano [...]. E quanto più l'antisemitismo si fa attendere, tanto più feroce deve esplodere... ».

Ora, l'assimilazione non è possibile, se non in misura modesta. Sarebbero necessari matrimoni misti su vasta scala, il che presupporrebbe un aumento della capacità economica degli ebrei: « ma come potrebbe prodursi questo fenomeno negli strati medi dove la questione ebraica massimamente risiede?... Se già l'attuale potenza degli ebrei provoca tali grida di allarme, quali esplosioni avverrebbero per un ulteriore accrescersi di questa potenza! ».

D'altronde « la personalità del popolo ebraico non può, non vuole e non è costretta a scomparire. Non può perché i nemici esterni la tengono compatta. Non vuole; e ciò ha dimostrato in due millenni fra sofferenze mostruose. Non è costretta: è ciò che tento di provare io... ». E difatti, nelle pagine successive, Herzl cerca di dimostrare la possibilità di costituire uno Stato ebraico. Uno Stato: non già una nuova meta per le interminabili migrazioni ebraiche, ma un organismo autonomo, forte, interamente ebraico. Dalla sua fondazione dovrebbero derivare grandi vantaggi per tutti: per gli ebrei poveri, che ne diverranno cittadini e non saranno più oppressi; per gli ebrei ricchi che desiderassero rimanere nelle nazioni in cui risiedono e che verrebbero così liberati dal timore di essere coinvolti dall'antisemitismo; ed anche per molti non ebrei, destinati a occupare le posizioni economiche lasciate dagli ebrei.

Dove dovrà sorgere il nuovo Stato? E come? Alla prima domanda Herzl risponde con un'alternativa: o nell'Argentina, immensa, fertile, scarsamente popolata; oppure in Palestina, terra degli avi e dei sogni ebraici.

Alla seconda egli risponde invece in termini molto precisi, talvolta minuziosi. Quanto alla struttura costituzionale, cui dedica notevole spazio, Herzl propende o per una « monarchia democratica » o, preferibilmente, per una « repubblica aristocratica »: « la politica si deve fare dall'alto. Non per questo, nello Stato ebraico, alcuno deve essere asservito, ché ogni ebreo può salire, e ciascuno vorrà salire... »: in sostanza, una società borghese, quale poteva essere desiderata da un gentiluomo austro-ungarico *fin de siècle*. Ma questo gentiluomo sognava nel contempo una legislazione sociale seducente, avanzatissima, direi incredibile, se ci riferiamo ai suoi tempi: piena occupazione, giornata di sette ore, case confortevoli, autogestione delle case di ricovero per i vecchi e gli incapaci, ecc. Si dovrà inoltre trattare di una comunità rigidamente laica: « ...non permetteremo affatto che le velleità teocratiche di alcuni nostri rabbini prendano piede: sapremo ben tenerle chiuse nei loro templi... ». E quanto alla posizione internazionale del nuovo Stato, le idee di Herzl sono invece piuttosto oscure. Se sono riuscito a capire, egli sembra propendere, nel caso della « soluzione argentina », per una sostanziale neutralità e, nel caso della « soluzione palestinese », per uno Stato strutturato in modo tale da costituire un « bastione » degli interessi occidentali.

Rimane il problema della soluzione del problema, se così posso esprimermi. Come riuscire a realizzare questo straordinario programma? A tale interrogativo Herzl dedica moltissime pagine, che non è necessario riassumere. È sufficiente dire due cose. Primo, che egli prospetta la costituzione, naturalmente a mezzo di capitali ebraici, di due grossi organismi: la *Society of Jews*, al fine di ottenere, con il consenso delle grandi potenze, l'assegnazione del territorio necessario alla nascita del nuovo Stato; e la *Jewish Company*, società per azioni, destinata ad occuparsi della liquidazione dei patrimoni degli ebrei in procinto di trasferirsi, del loro trasporto, del loro insediamento, dell'acquisto delle singole proprietà, ecc. Secondo, che tale programma viene esposto da Herzl con molta concretezza, spesso meticolosamente. Cito un passo: « Se il proprietario di un'azienda, emigrando, vuol esercitare nuovamente laggiù il medesimo mestiere, può prepararvisi in precedenza. Mostriamo ciò con un esempio. La ditta X ha un grande negozio di mode; il proprietario vuole emigrare. Egli impianta prima di tutto, nel suo futuro luogo di dimora, una filiale dove manda la merce scartata. I primi emigranti poveri costituiscono laggiù la sua clientela, ma a poco a poco vanno a stabilirsi colà delle persone che hanno maggiori esigenze: allora X manda oggetti più moderni e finalmente quelli modernissimi. La filiale diventa lucrativa, mentre esiste ancora la casa madre. Al tirar delle somme X ha due aziende. La vecchia la vende, oppure la pone sotto la guida del suo rappresentante cristiano, ed egli si reca laggiù nella sua nuova ».

Come è stato giustamente osservato, l'opera, nonostante alcuni eccessi di fantasia, aveva qualcosa di grandioso, di sicuro, di superbo: non era semplicemente l'espressione di un bisogno, ma una solida costruzione, e questo spiega il suo grande fascino.

Non tutti gli ebrei, certamente, accettarono le idee di Herzl: né i ricchi, tendenzialmente assimilazionisti, né gli ortodossi, né molti socialisti, per le ragioni prima accennate. Nemmeno le accettarono altri sionisti, secondo i quali alla costituzione di uno Stato ebraico in Palestina si sarebbe dovuto arrivare con l'emigrazione e dopo l'emigrazione; non prima dell'emigrazione, come pensava Herzl. Le accettarono però, con straordinario entusiasmo, ebrei di ogni nazione europea, specialmente di Russia: studenti, intellettuali, povera gente.

Sulle ali di questo entusiasmo si tiene a Basilea, nel 1897, il primo congresso sionista; viene approvato un programma che ricalca in buona parte le idee di Herzl, pur facendo qualche concessione alle altre correnti, e nasce un'organizzazione sionista: l'unione di tutti gli ebrei decisi a riprendere nelle loro mani i loro destini e a ricostruire la loro unità e la loro indipendenza.

Seguono altri congressi. Sempre a Basilea, nel 1898 e nel 1899: viene decisa la fondazione di una Banca Mondiale, in sostituzione della *Jewish Company*, e si discute a lungo sulle trattative in corso con il Sultano, sovrano della Palestina. Nel 1901 a Londra e poi ancora a Basilea nel 1903: in uno di questi congressi viene presa in considerazione (essendosi nel frattempo arenate le trattative con il Sultano) la singolare proposta inglese di una colonizzazione ebraica dell'Uganda, proposta che Herzl si dichiara disposto ad accettare, ma che viene respinta a grande maggioranza; nell'altro viene istituito un organismo per l'acquisto di terreni in Palestina, che svolgerà un'opera intensissima negli anni successivi.

Ma Herzl non è solo l'organizzatore indefesso di questi congressi, è anche un instancabile diplomatico: non si contano i suoi viaggi e i suoi incontri con il Sultano, con il Kaiser, con i governi di Russia, d'Austria, d'Inghilterra, d'Italia, ecc.; lo troviamo dovunque, attivissimo e appassionato difensore della sua causa. Il che non impedisce al suo ingegno di continuare a produrre romanzi, commedie, saggi letterari.

Herzl non può resistere lungamente a sì gravoso carico. Muore infatti nel 1904, a 44 anni, stroncato dalla tisi.

Subito dopo la morte di Herzl, all'interno dell'organizzazione sionista si aggrava un dissidio. Da una parte stanno i cosiddetti « territorialisti », cioè coloro che accettano una soluzione del problema ebraico anche fuori della Palestina: per lo più sono ebrei provenienti dall'Europa occidentale. Dall'altra sta la maggioranza, ortodossa e proveniente dalle nazioni dell'est europeo. Vince la maggioranza, i dissidenti escono, fondano un altro movimento. Siamo al sesto congresso (1905), cui ne seguono, fino allo scoppio della prima guerra mondiale, altri cinque. Non è il caso di parlarne, ma è il caso di dire che nel contempo il sionismo comincia a produrre le prime ondate migratorie: gli ebrei residenti in Palestina, che nel 1857 erano dodicimila, sono più di centomila nel 1913; vi si costituiscono diverse comunità agricole; la città araba di Jaffa si arricchisce di un sobborgo ebraico, che viene chiamato Tel Aviv (« collina della primavera »). Peraltro, non è precisamente il sionismo come lo intendeva Herzl: prima lo Stato ebraico con il consenso delle grandi potenze, poi l'emigrazione; è piuttosto il sionismo degli ebrei « orientali »: prima l'emigrazione, poi lo Stato ebraico.

Durante la guerra '14-18 non si tengono congressi sionisti. Avviene però, nel 1917, un fatto che rappresenta un importante anello della catena che conduce dal sionismo a Israele: la « dichiarazione Balfour » (dal nome del ministro inglese degli Esteri), con cui la Gran Bretagna, anche per compensare il contributo scientifico allo sforzo bellico, ottenuto dal grande scienziato sionista Chaim Weizmann, e i servizi resi dalla Legione ebraica, manifesta la sua intenzione di favorire la creazione e lo sviluppo in Palestina di una « Sede nazionale ebraica ». La dichiarazione viene poi inclusa sia nel testo del trattato di pace con la Turchia, sia in quello del mandato sulla Palestina, che la Società delle Nazioni conferisce alla Gran Bretagna nel 1922. Questo mandato istituisce altresì una « rappresentanza ebraica », ente di diritto pubblico, per cooperare con l'amministrazione britannica. È l'embrione del futuro Stato israeliano.

Continuano intanto i congressi sionisti, e continuano le migrazioni verso la Palestina: nel 1925 viene inaugurata a Gerusalemme l'università ebraica sul Monte Scopus; nel 1935 Tel Aviv raggiunge i 100.000 abitanti. Il più importante esponente del sionismo internazionale è ora il professor Weizmann, uomo di tendenze moderate, favorevole alla collaborazione con gli arabi. Sul finire degli anni '30 si assiste a un mutamento di rotta del governo inglese, sollecitato dagli arabi: non più Sede nazionale ebraica, ma Stato misto arabo-ebraico; in aggiunta, limitazioni all'acquisto di terre e pesanti riduzioni dell'immigrazione ebraica. Vivissima, naturalmente, la reazione degli ebrei, anche perché nel frattempo in Germania il governo nazista ha reso inevitabile una nuova, massiccia migrazione.

Si giunge così alla seconda guerra mondiale, cui gli ebrei di Palestina partecipano, accanto agli alleati, con un contingente di circa 30.000 uomini, molti dei quali combattono per la liberazione dell'Italia. Segue una conferenza sionista a Londra, nel 1945, che rivolge alla Gran Bretagna la richiesta di libera immigrazione in Palestina e quella di costituirvi uno Stato ebraico: le richieste non sono accolte. Dopo il 22° congresso sionista, che si tiene a Basilea nel 1946, la questione viene deferita alle Nazioni Unite, mentre in Palestina infuria la guerriglia fra arabi ed ebrei.

Il 29 novembre 1947 viene decisa la spartizione della Palestina. Il 14 maggio 1948 è proclamato lo Stato d'Israele.

4. *Israele e il sionismo*

Quasi tutti considerano Israele un prodotto del movimento sionista. È proprio vero?

Come ho ricordato, negli anni a cavallo fra il XIX e il XX secolo grandi masse di emigranti ebrei lasciano l'Europa orientale: sono gli anni in cui nasce e fiorisce il sionismo; e non pochi di questi ebrei sono sionisti. Ma non molti sono gli ebrei che negli stessi anni mettono piede in Palestina. Statistiche precise non esistono, ma si può dire che dal 1904 al 1913 ne giungono intorno a 40.000 (circa 20.000, però, ripartono poco dopo) dalla Russia, dalla Bulgaria, dalla Romania, ecc. Nello stesso periodo gli ebrei che escono da tali paesi ammontano a ben 2.500.000. Come mai? La ragione è semplice. Il sionismo è un alto ideale, la Palestina è la sua meta, ma le difficoltà di insediamento in un paese tanto arretrato sono enormi. Ben più attraente, con la sua società in continua espansione e le sue prospettive, è un altro paese: gli Stati Uniti, verso cui si dirige appunto la grande maggioranza degli emigranti.

Durante la prima guerra mondiale l'emigrazione verso la Palestina si arresta, naturalmente, ma riprende in seguito, con maggiore intensità: 35.000 emigranti fra il 1919 e il 1922. E subito dopo il numero degli arrivi subisce un'ulteriore impennata, fino a raddoppiare: sono 60.000, infatti, gli ebrei che mettono piede in Palestina nel triennio 1924-1926. Come mai? La verità è che negli Stati Uniti è stata promulgata una legge con cui si limita fortemente l'immigrazione da ogni paese (se ne riparlerà) e molti ebrei sono così costretti a cambiare rotta. Negli anni successivi gli ebrei che si allontanano dall'Europa orientale sono pochi, sia a causa dell'atteggiamento relativamente benevolo dell'Unione Sovietica verso gli ebrei (anche di questo si riparlerà) sia per altre ragioni, che qui non è il caso di ricordare. Ben pochi, quindi, sono gli ebrei che sbarcano in Palestina.

Passa qualche anno ancora e si verifica una nuova ondata: 225.000 ebrei nel quinquennio 1934-1939. Non si tratta però di ebrei russi, polacchi, ecc., ma di ebrei tedeschi, in fuga dalla Germania hitleriana. Ed anche questa ondata è estremamente significativa, nel senso che i nuovi arrivati sono per lo più di estrazione borghese – commercianti, professionisti, funzionari, ecc. – e, nella loro maggioranza, non sono sionisti, anzi, sono spesso assimilazionisti. Arrivano perché il terrore nazista impedisce loro di rimanere, come vorrebbero, in Germania e perché non possono dirigersi, come preferirebbero, verso gli Stati Uniti, dove continua a essere in vigore la legislazione antimmigrazionista.

Diversa è la motivazione della successiva e ultima ondata di provenienza europea, che si verifica negli anni successivi alla fine della seconda guerra mondiale (diverse centinaia di migliaia di persone). I divieti posti dagli Stati Uniti si sono molto attenuati, per cui gran parte degli ebrei superstiti che abbandonano l'Europa potrebbero, se lo volessero, dirigersi verso New York. Invece essi preferiscono dirigersi verso i porti di Haifa e di Jaffa: il trauma dei campi di concentramento ha fatto sì che questi sventurati non si fidino più neppure dell'America.

Ora, sono ben lontano dal considerare la nascita di Israele come una conseguenza della legislazione antimmigrazionista degli Stati Uniti (e di altre nazioni) nonché del trionfo nazista in Germania. Dico semplicemente che quando si parla della nascita d'Israele bisogna tenere gran conto di queste vicende.

Inoltre circa la metà degli ebrei oggi residenti in Israele provengono da paesi afro-asiatici: Egitto, Libia, Yemen, Siria, Iraq, ecc., cioè da paesi in cui il sionismo, quanto meno il sionismo « classico », ha avuto una diffusione molto modesta, molto più modesta, comunque, che in Europa.

Perché, allora, si sono mossi? Anche qui la spiegazione è semplice: basta tenere presente l'epoca in cui si svolse quest'altra migrazione: soprattutto negli anni '50-'60. A farli muovere – scrive V.D. Segre, noto studioso e scrittore, nel libro *Israele. Una società in evoluzione* – furono diverse cause: « fuga dal pericolo [gli arabi]; adempimento di speranze nazionali e religiose; fuga dal ristagno sociale ed economico del mondo islamico [...]. L'immigrazione [dai paesi arabi] in Israele, fu tutto ciò che il sionismo non aveva previsto, in quanto essa era un movimento che non affondava le sue radici nell'illuminismo né costituiva una reazione all'assimilazione o all'antisemitismo... ».

Mi sembra dunque chiaro che la spiegazione frequentemente portata da politici e giornalisti, israeliani e non, la spiegazione riassumibile nella formula « dal problema ebraico il sionismo; dal sionismo Israele » si rivela per quello che è: una grossa esagerazione. Il sionismo è una delle proposte formulate per la soluzione del problema ebraico; ed è solo in parte, forse solo in piccola parte, che Israele può considerarsi come un frutto del movimento sionista. Non arrivo, è ovvio, ad affermare che Israele non è... sionista: sionista è la « filosofia » di questo Stato, sionisti (sia pure in senso notevolmente diverso rispetto ad Herzl) furono i suoi fondatori – Weizmann, Ben Gurion, ecc. – e sionisti, per quanto di differente estrazione, sono tutti indistintamente i suoi capi ed i suoi fautori. Dico semplicemente che le complesse e drammatiche vicende cui Israele deve la sua nascita, se sono tutte connesse alle persecuzioni antisemite, hanno spesso ben poco a che vedere con il sionismo, segnatamente con il sionismo di Herzl.

Stando così le cose, non può stupire se lo Stato d'Israele corrisponde solo parzialmente a ciò che si prefiguravano Herzl e i suoi.

A trent'anni dalla sua nascita, Israele è ancora privo di una costituzione – quella costituzione cui proprio Herzl attribuiva grande importanza – e tutto lascia ritenere che continuerà a restarne privo: il motivo di ciò, afferma Segre, è costituito « dall'ostinato rifiuto dei gruppi di minoranza religiosa di qualsiasi altra costituzione eccettuata la legge divina » – quella legge divina (codificata) che ben poco interessava Herzl. Ciò che continua a mancare, per essere precisi, è una costituzione in senso formale, come dicono i giuristi, alla stregua di quanto avviene in quasi tutti i paesi del mondo:

una « superlegge » destinata preminentemente a regolare l'attività statale nel suo complesso nonché i rapporti fra Stato e cittadini. Ed a tale mancanza gli israeliani hanno sopperito con un complesso di leggi ordinarie, che regolano tali materie compiutamente, sebbene « provvisoriamente ». Ed Israele si configura come una repubblica parlamentare-rappresentativa.

Herzl aveva immaginato uno Stato borghese, ed Israele lo è. A partire dalle prime immigrazioni, e per alcuni decenni, gli ebrei in Palestina costituirono piuttosto una comunità agricolo-socialista (i famosi *Kibbutzìm*); ma successivamente, specie sotto l'influsso degli efficienti e moderni ebrei tedeschi immigrati nel quinquennio '34-'39, la comunità ebraica si è venuta caratterizzando sempre più – nonostante il persistere di importanti realizzazioni di carattere collettivista – come una società borghese-capitalista, di carattere prevalentemente industriale, di modo che oggi Israele ha raggiunto un grado elevato di sviluppo capitalistico: grandi concentrazioni industriali, tecnologia avanzata, stretti legami con i maggiori gruppi finanziari ebraico-americani, che vi investono capitali sempre più ingenti (industrie, case, turismo, ecc.).

A tale sviluppo ha attivamente partecipato l'unica e potente organizzazione sindacale, lo *Histadrùt* (circa 700.000 iscritti), che si è anzitutto preoccupata di creare le condizioni favorevoli allo sviluppo di una futura classe di lavoratori, piuttosto che di tutelare gli interessi dell'attuale classe lavoratrice, ed ha assunto essa stessa il ruolo di datore di lavoro in molti settori. Quanto ai lavoratori israeliani, bisogna dire che essi godono, oltre che di assoluta libertà civile e politica, di buone condizioni economiche (il reddito *pro capite* supera quello italiano), sono assistiti da una legislazione sociale molto avanzata (ma – se si ha riguardo ai tempi – forse non così avanzata come quella immaginata da Herzl) e bene integrati nel contesto capitalista del paese.

In che senso, allora, continuano a definirsi « socialisti » certi partiti israeliani, come quello di Golda Meir? Me lo domando spesso. A me sembra che di « socialista » essi abbiano solo una lontana origine: si tratta del socialismo protomarxista di certi movimenti sionisti russi di ottanta anni fa. Da notare, però, che diversi settori continuano ad essere o statali o a partecipazione statale: non solo l'elettricità ed il gas, ma anche, ed è fondamentale, gran parte dei terreni.

Herzl sognava inoltre, dicevo, uno Stato rigidamente laico. Ahimè. Non è facile esprimersi con esattezza, anche a causa della mancanza di una Carta costituzionale. Mi sembra però di poter dire che, se da un lato diversi esponenti politici israeliani sono di orientamento laico, spesso non praticanti, dall'altro i rabbini si sono guardati bene dal restare all'interno delle sinagoghe, come appunto Herzl riteneva necessario. Se si tiene presente che l'influenza degli ebrei ortodossi ha contribuito sensibilmente a che fosse impedito il varo di una costituzione laica; che esiste un forte movimento d'opinione per il ripristino di antichissimi istituti religiosi (il Tempio, il Gran Sinedrio, la rigorosa osservanza dei precetti, anche di carattere alimentare, da parte dei militari, ecc.); che il peso dei movimenti di ispirazione religiosa si fa fortemente sentire sia nella opposizione che al governo; se si tiene presente tutto questo, bisogna riconoscere che Israele è tutt'altro che immune dal confessionalismo. Qualcuno, esagerando, parla addirittura di « Stato teocratico ».

Quanto, infine, alla sua posizione in politica estera, si deve dire che Israele (scelta o necessità? Un po' l'una e un po' l'altra), non è affatto neutrale, è anzi una temibile macchina bellica e un formidabile bastione americano. Tuttavia non sarebbe esatto definire « militarista » Israele. Per meglio dire, Israele può definirsi tale nel senso che tutti i cittadini israeliani in condizioni di portare armi sono soldati, uomini e donne; non può definirsi tale se ci si riferisce ai modelli classici del militarismo (a quello prussiano, per esempio), dai quali Israele è lontanissimo: in nessun altro esercito del mondo esistono fra ufficiali e soldati rapporti democratici e aperti come in quello israeliano.

Ancora più inesatto, anzi, non rispettoso della realtà delle cose, è il definire « razzista » il sionismo, e con esso Israele, come si legge nella risoluzione dell'O.N.U. del 10 dicembre 1975. Quanto al sionismo, debbo rinviare il lettore a ciò che ne ho detto in precedenza: non solo questo movimento non ha nulla di « razzista », nel senso che non propugna affatto discriminazioni a danno di non ebrei, ma, nella misura in cui vuole porre riparo alle discriminazioni antiebraiche, si configura semmai come movimento antirazzista. E quanto ad

Israele, rinvio il lettore a ciò che si dirà più avanti, a proposito della condizione degli arabi che vivono in questo paese.

Ancora due parole, prima di passare all'argomento successivo. Israele può piacere e può non piacere, lo si può amare e lo si può detestare, si può approvare la sua politica estera e la si può disapprovare (io, per esempio, sono fra coloro che non l'approvano); ma è difficile sottrarsi, se si vuole essere sinceri, a un sentimento di ammirazione per la nazione israeliana. Si è riflettuto abbastanza sul cammino percorso da Israele in un quarto di secolo? Si è pensato sufficientemente a ciò che gli israeliani, in sì breve volgere di anni, hanno saputo realizzare: il riscatto della terra, il riscatto degli uomini, l'organizzazione sociale, l'alto livello tecnologico, l'eccezionale livello culturale? Si è meditato sulla circostanza che venticinque anni fa gli abitanti d'Israele erano di gran lunga più poveri di noi italiani, e oggi sono assai più progrediti in tutti i campi, senza eccezione alcuna?

5. *Israele e gli Stati arabi*

Del conflitto arabo-israeliano si è detto veramente tutto. Non credo pertanto di poter dire qualcosa di veramente nuovo; nondimeno non ho difficoltà ad esporre brevemente il mio punto di vista sulla scottante questione.

Israele sostiene che le sue frontiere debbono essere « riconosciute e sicure ».

Quanto al « riconoscimento » non ho niente da obiettare. Sotto questo aspetto, Israele ha ragione: una frontiera non riconosciuta è una non-frontiera, è una linea che pare fatta apposta per mettere in discussione il diritto alla sopravvivenza degli Stati che ne sono divisi. E a mio avviso anche Israele ha il diritto di esistere.

Quanto invece alla « sicurezza » delle frontiere israeliane, va fatta una breve premessa di carattere generale. Ed è che la sicurezza di una frontiera non dipende dalla sua posizione, ma dalle relazioni fra le nazioni confinanti: è un dato di carattere storico, non geografico. Sulla cartina, la frontiera italo-svizzera di Ponte Chiasso può sembrare molto insicura;

invece è una frontiera più che sicura, grazie ai buoni rapporti fra Italia e Svizzera. Sempre sulla cartina, le Alpi, il Reno e la Manica sembrano tre frontiere assolutamente sicure; ed effettivamente lo sono oggi, a causa dei buoni rapporti tra le nazioni che ne sono divise, ma non lo furono affatto in passato, nonostante la loro apparente insuperabilità, tutte le volte in cui i rapporti furono cattivi, o addirittura pessimi.

Fatta questa premessa, continuo a esprimere il mio punto di vista. Ritengo che per raggiungere una durevole soluzione del conflitto arabo-israeliano sia necessario che Israele sgomberi – sia pure in un ragionevole margine di tempo, con le garanzie del caso e salve quelle rettifiche che fossero liberamente concordate – tutti i territori occupati con la « guerra dei sei giorni » del 1967 (fatta eccezione per la parte orientale di Gerusalemme, di cui parlerò tra poco), per due fondamentali ragioni. Perché proprio questo, a mio avviso, è l'unico possibile significato della nota mozione n. 242 dell'O.N.U. E soprattutto perché, se si ritorna alle frontiere anteriori a detta guerra, cioè alle frontiere del 1949, queste saranno molto probabilmente riconosciute dagli Stati arabi, tutelate dall'O.N.U., rispettate dalle superpotenze: saranno cioè veramente « sicure ». Il graduale ritorno alle frontiere del 1949 va dunque auspicato, secondo me, non perché lo si debba considerare come la migliore soluzione concepibile in astratto, come la soluzione più « giusta » (su questo piano si potrebbe discutere all'infinito), ma perché esso rappresenta, a quanto oggi si può giudicare, l'unica possibile soluzione in concreto, cioé l'unica via per realizzare, ad un tempo, « riconoscimento » e « sicurezza » delle frontiere israeliane.

Che cosa oppone il Governo di Israele a questa soluzione? Due argomenti, se ho capito bene.

Il primo è, o vorrebbe essere, di carattere strategico: se noi fossimo rimasti sulle frontiere del 1949 – hanno più volte ripetuto i massimi esponenti israeliani, a partire dalla « guerra del *Kippùr* », nel 1973, ed ha poi ripetuto la stampa filoisraeliana – l'attacco arabo avrebbe presto raggiunto il cuore di Israele: dunque, quelle frontiere non erano « sicure ». Ma io non comprendo come un ragionamento del genere, che a me pare assai poco convincente, proprio sul piano strategico, abbia potuto riscuotere tanto successo.

Stiamo anzitutto ai fatti, che sono due. Uno, che dalla fine della guerra del 1948-49 al '67 gli arabi, nonostante le ripetute minacce e gli atti di provocazione, non hanno mai attaccato (non che io consideri gli israeliani « cattivi » e gli arabi « buoni ». Sto semplicemente raccontando quel che è successo, o meglio che non è successo: dal '49 al '67 gli arabi non hanno mai attaccato). Due, che gli arabi, per meglio dire l'Egitto e la Siria, hanno invece attaccato *dopo* il '67, cioè nel 1973: dopo che Israele aveva abbondantemente ampliato i propri confini. I fatti dimostrano dunque, se non mi sbaglio, il contrario di quanto dicono i dirigenti israeliani: le frontiere del '49 si sono rivelate (sebbene non riconosciute) relativamente « sicure », quelle conquistate con la « guerra dei sei giorni » assolutamente insicure.

Ma dopo aver considerato i fatti, non trascuriamo di considerare anche l'ipotesi, anzi, la doppia ipotesi formulata dagli esponenti israeliani: che sarebbe successo se Israele fosse rimasto sulle frontiere del '49 e se gli arabi, ciò nondimeno, avessero poi attaccato? Ebbene, io penso che sarebbe stata una catastrofe per gli attaccanti. Quelle frontiere erano assai più brevi, cioè molto meglio difendibili, e sarebbero state meglio guarnite; le basi israeliane sarebbero state ben più vicine al fronte, quelle arabe assai più lontane; e Israele, così efficiente nell'operare per linee interne, avrebbe saputo resistere e contrattaccare meglio di quanto non sia riuscito a fare nell'autunno del '73. Non insisto però nel sostenere che le cose si sarebbero svolte proprio così, perché non mi piace argomentare a furia di ipotesi: la politica a tavolino, si sa, è diversa da quella reale.

Il secondo argomento è di carattere politico-economico. Nelle terre conquistate con la « guerra dei sei giorni », dicono a Gerusalemme, si sono trasferiti (forse sarebbe più esatto dire « sono stati trasferiti ») diversi coloni ed operai d'Israele, i quali hanno coltivato, hanno costruito, si sono sistemati, ecc. Rispondo: è indubbiamente una grossa e delicata questione, un problema nel problema, ma è Israele che l'ha fatto nascere: è Israele, quindi, che deve risolverlo. O la tranquilla esistenza di questi ebrei sarà opportunamente garantita, e allora essi potranno restare dove sono (non sarebbe affatto una cosa assurda: non sempre gli ebrei sono stati maltrattati nel mondo arabo), o non lo sarà, e allora non vedo come Israele potrà sottrarsi alla necessità di ritrasferire questi suoi cittadini.

Gerusalemme, dicevo. La città è oggi abitata da oltre 350.000 persone, di cui circa 250.000 ebrei, 80.000 musulmani, 20.000 cristiani. Il problema è tremendamente complicato, ma può ridursi, se non vado errato, a questi due punti essenziali: l'accesso ai cosiddetti « luoghi santi » (per gli ebrei il Muro Occidentale del Tempio distrutto dall'imperatore Tito nel 70 d.C., o Muro del Pianto; per gli arabi la Moschea di Omar e quella di *El Aksa*; per i cristiani il Santo Sepolcro, oltre alla basilica della Natività a Betlemme) nonché la libertà di culto per le tre religioni; la sistemazione civile e politica delle tre comunità.

A me pare che la soluzione migliore sarebbe questa: che Gerusalemme rimanga quello che è, la capitale d'Israele; che i « luoghi santi » siano assoggettati (sebbene ciò sia considerato inaccettabile dagli attuali governanti israeliani) a un regime, internazionalmente garantito, di extraterritorialità (un po' come la Città del Vaticano): che a musulmani e cristiani siano garantite, pure internazionalmente, le libertà civili e politiche compatibili con l'essere cittadini d'Israele. È la soluzione proposta da diverse nazioni, fra cui la Francia.

Da molte parti, invece, si continua a insistere (spesso in termini molto confusi) per una « internazionalizzazione » di Gerusalemme. A me pare che una alternativa del genere (per quanto conforme, in verità, ad una mozione adottata dall'O.N.U. nel '47 per l'attuazione della quale non si fece nulla nemmeno durante tutto il periodo in cui la Città Vecchia fu in mani arabe), sia oggi assolutamente irreale e non darebbe alla questione dei « luoghi santi » una soluzione migliore di quella derivante dalla extraterritorialità, senza comportare alcun apprezzabile vantaggio per le minoranze musulmane e cristiane.

Veniamo ai profughi palestinesi. Qui ci troviamo di fronte a un innocente e a diversi colpevoli.

Innocenti, è chiaro, sono i profughi: circa un milione di persone costrette ad abbandonare le loro terre, obbligate da un quarto di secolo a vivere ammassate in campi di raccolta, in condizioni alimentari e igieniche per lo più deplorevoli.

Colpevole – ma non più colpevole degli altri colpevoli – è certamente Israele, per non aver evitato a molti di questi infelici di doversene andare. Lo riconosce, con una obiettività e una pacatezza ammirevoli, il già ricordato Segre. La propaganda israeliana ha spesso contestato l'accusa: quelle terre noi le abbiamo regolarmente comprate; di che ci rimproverate, allora? Ma la replica non persuade, per meglio dire è una replica valida (parzialmente) sotto un profilo giuridico-formale, però inaccettabile dal punto di vista politico-sociale, che ritengo preminente. Un tempo, quelle terre appartenevano a latifondisti arabi, che le davano in affitto ad una miriade di arabi poveri, per lo più pastori. Arrivarono gli ebrei e le acquistarono, cosicché le due parti fecero un buon affare: i latifondisti arabi intascando molti quattrini, gli ebrei assicurandosi la proprietà di terre da valorizzare (e che in effetti furono poi valorizzate). Il danno toccò agli arabi poveri, che rimasero senza pascoli e senza capre. Non sarebbe forse stato un male, se Israele avesse poi inserito i vecchi affittuari nelle diverse attività, agricole e industriali, che ebbero inizio sulle terre già destinate a pascolo; ma non lo fece, o lo fece solo episodicamente e in modesta misura, lasciò andar via gli ex pastori, ormai ridotti alla fame e alla disperazione, talvolta li cacciò via. Si badi bene: non è da credere che, se Israele avesse cercato di trattenere e sistemare i palestinesi, vi sarebbe riuscito; anzi, ciò che sto per dire fa ritenere che non vi sarebbe riuscito, se non in piccola parte. Ma il fatto è che Israele non aveva allora interesse ad agire in questo senso, e non agì affatto in questo senso.

Israele afferma inoltre che i lavoratori arabi oggi residenti e attivi nel paese godono di un buon trattamento: salari più alti che in qualsiasi nazione araba, rispetto delle regole giuridiche e religiose islamiche, libertà di stampa, esistenza di una rappresentanza in parlamento, vasta partecipazione araba alle amministrazioni locali: insomma, nulla di simile alla fosca *apartheid* sudafricana. Ora, tutto ciò corrisponde sostanzialmente a verità, ma non sminuisce le responsabilità dei governanti israeliani verso gli arabi che ieri stavano in Israele e che se ne dovettero andare. Direi piuttosto che la insistenza della propaganda israeliana e filoisraeliana su questo punto costituisce, almeno ai miei occhi, una manifestazione di cattiva coscienza.

Detto ciò che ritenevo doveroso dire a carico di Israele, aggiungo adesso che almeno altrettanto colpevoli sono numerosi capi politici e religiosi arabi, i quali contribuirono in modo decisivo all'esodo dei palestinesi, facendo leva sui pregiudizi psicologici e religiosi, quando addirittura non lo provocarono direttamente. Così si esprimeva all'O.N.U., nel 1949, il delegato sovietico Malik: « Si è parlato qui di profughi arabi. Ma per quale ragione si deve rendere responsabile di questo problema lo Stato d'Israele? Se si domanda quali sono i responsabili della situazione, non c'è alcun dubbio nella risposta: bisogna ricordare le forze esterne, cui ho già fatto allusione, forze che difendono i loro interessi puramente egoistici ». Non è il caso, secondo me, di prendere queste parole per oro colato: nel 1949 l'Unione Sovietica stava dalla parte d'Israele, per cui non si può escludere una certa tendenziosità di Malik; ma nemmeno sarebbe giusto dimenticarle. Più credibili e più significative mi sembrano altre parole, pubblicate dal giornale del Cairo "Akbar El-Yom" il 12 ottobre 1963 (potrei citare molti altri esempi del genere): « Venne il 15 maggio 1948 e l'ultimo soldato britannico lasciò la Palestina. Lo stesso giorno il Muftì di Gerusalemme rivolse un appello agli arabi di Palestina perché abbandonassero il paese, Haifa, Jaffa e le altre città, in quanto gli eserciti arabi erano in procinto di entrare per battersi contro le bande ebraiche e cacciarle dalla Palestina ». Non pare dubbio, insomma, che i capi arabi, avvalendosi del loro prestigio politico e religioso, si siano dati molto da fare per « creare » i profughi; ed è pure indubbio che i primi strumentalizzarono sempre, nel più cinico e brutale dei modi, la miseria e la disperazione dei secondi, senza mai aiutarli (nonostante le montagne di lingotti d'oro nelle banche svizzere), ma anzi lasciandoli marcire nei campi di raccolta, oppure massacrandoli, se ne poteva derivare un pericolo per i loro regimi: così fecero re Hussein e i suoi beduini, nel « settembre nero » del 1970.

Colpevoli, più colpevoli di tutti, sono infine i terroristi arabi: dinamitardi, dirottatori di aerei, massacratori protagonisti di episodi come Fiumicino, Monaco, Kiriàt Shmonè, Maalòt, ecc., e soprattutto i loro mandanti. Con le loro azioni dissennate (bisogna però onestamente riconoscere che le rappresaglie israeliane sono spesso esorbitanti), costoro non fanno che gettare discredito sui palestinesi, danneggiando gravemente la causa che affermano di voler difendere.

Sono questi, molto sommariamente, i termini e i protagonisti del problema palestinese. Come risolverlo? Sul piano economico le difficoltà non mi sembrano insuperabili: la grande capacità industriale d'Israele, da una parte, gli enormi capitali accumulati da alcuni Stati arabi, dall'altra, credo che potrebbero fornire le risorse necessarie per garantire, in un tempo relativamente breve, lavoro e vita dignitosa ai profughi. Ben più difficile è la situazione sotto l'aspetto politico, al quale proposito debbo confessare di non avere affatto idee precise (chi può dire di averle, del resto?). Sono convinto anch'io, però, che non si potranno riconoscere i legittimi diritti dei palestinesi se questi non riconosceranno le legittime paure degli israeliani e che la soluzione dovrà passare attraverso il principio di autodeterminazione: quello stesso principio su cui sia Israele sia gli Stati arabi hanno fondato e fondano la loro esistenza.

6. *Israele e il problema ebraico*

Di Israele debbo ancora discorrere sotto un altro profilo, più vicino agli argomenti trattati in precedenza: quello dei suoi rapporti con il problema ebraico. Ha veramente contribuito, Israele, alla soluzione, secondo le speranze di Herzl e dei sionisti?

Per alcuni versi sì, secondo me.

In primo luogo perché Israele costituisce un rifugio per molti ebrei vittime dell'antisemitismo, che continuamente vi affluiscono. Duro lavoro e non lievi rischi attendono costoro, sudore e magari sangue, ma in compenso essi non verseranno più lacrime di umiliazione. Peraltro non si tratta affatto dell'unico rifugio: al mondo vi sono molti paesi, fra cui l'Italia, dove oggi gli ebrei vivono pressoché indisturbati (solo Israele, evidentemente, sembra dare a molti ebrei la sicurezza definitiva).

In secondo luogo perché Israele, nonostante i suoi errori e le sue colpe, ha messo in luce le migliori qualità degli ebrei, giovando nel contempo a dissipare alcune false immagini. Si sapeva che gli ebrei (parlo sempre degli ebrei in generale, naturalmente) sono attivi, tenaci, coraggiosi; ma non si pensava che lo fossero in modo così eminente. Si credeva che gli ebrei fossero naturalmente portati a eccellere in alcune particolari attività, come gli affari e gli studi. Israele ha dimostrato che non è così, ha dimostrato che tali attitudini erano semplicemente il frutto di determinate circostanze ambientali, ovverossia che in altre circostanze anche gli ebrei sanno essere laboriosi contadini, capaci operai, valorosi soldati.

Da ultimo, con la solidità delle sue istituzioni, il suo notevolissimo sviluppo tecnico ed economico, i suoi innegabili successi, « Israele ha ridato dignità agli ebrei ». Scrivo queste parole fra virgolette perché mi sono state dette e ripetute da tutti gli ebrei con cui ho parlato. Alcuni sono di sinistra, altri di destra, alcuni si dichiarano appassionatamente sionisti, altri lo sono tiepidamente, o non lo sono affatto; ma tutti, dico tutti, con commovente unanimità, mi hanno detto e ripetuto queste parole. Confesso che non riesco a penetrarle come vorrei, ma debbo riconoscere che il risentirsi in possesso della propria dignità non è cosa di poco conto.

Non manca, però, il lato negativo. La nascita di Israele non solo non ha spento, fino ad oggi, l'antisemitismo, ma ne ha provocato – certamente contro le intenzioni dei suoi fondatori – una nuova ondata. Mi riferisco anzitutto ai paesi arabi (i cui governanti hanno peraltro le loro gravi responsabilità, come sto per dire).

Non è necessario, a questo punto, aprire una digressione sulle complesse vicende dell'antisemitismo nel mondo islamico. È sufficiente ricordare alcuni dati essenziali. Primo, che l'antisemitismo – sebbene intervallato, qua e là, da consistenti periodi di tolleranza – è durato a lungo nei paesi arabi (soprattutto nel Marocco e nello Yemen), all'incirca come in quelli cristiani, con manifestazioni altrettanto umilianti per gli ebrei: alcune identiche , come l'obbligo di portare un segno distintivo (obbligo che nacque anzi fra gli arabi, se il lettore ricorda) e come il ghetto; altre differenti, come il divieto fatto alle ebree di portare un velo sul volto (il che, in contrade in cui le donne andavano tutte velate, equivaleva ad esporle al pubblico ludibrio, cioè a spingerle alla conversione), oppure come quello di non servirsi di cavalli, ma solo di asini o di muli, o ancora come l'obbligo di eseguire i lavori più ripugnanti. Secondo, che l'antisemitismo arabo, sebbene abbia dato ripetutamente luogo a episodi cruenti, anche in epoca recente (quasi duecento, ad esempio, furono gli ebrei massacrati a Bagdad il 2 giugno 1941 e diverse migliaia i feriti), non ha però mai raggiunto certi vertici sanguinosi della Cristianità: non mi risulta che nelle terre musulmane si siano mai avuti eccidi paragonabili, non dico a quello nazista, ma nemmeno a quelli medioevali di Germania o di Spagna, né che si siano avute espulsioni collettive confrontabili con quella del 1492 dalla Spagna (anzi, va ricordato che non pochi ebrei spagnoli trovarono ospitalità proprio fra gli arabi). Terzo, che nei paesi arabi l'antisemitismo si era nel complesso molto attenuato, fin quasi ad estinguersi, verso la fine dell'800 ed il principio del '900, cioè verso l'inizio dell'emigrazione ebraica in Palestina. Ma da qui in poi l'antisemitismo comincia a serpeggiare, poi si estende, infine divampa.

In parte, il neo-antisemitismo islamico (che solo molto recentemente, per la verità, ha dato luogo a gravi eccessi) è di origine popolare: sto pensando, è chiaro, soprattutto all'odio prodotto dalla tragedia dei profughi palestinesi. Ma in parte preminente è invece provocato ad arte da capi politici e religiosi. Costoro hanno scoperto (all'incirca come molto tempo prima avevano fatto i Principi della Cristianità) che l'odio popolare verso Israele, e più in generale verso gli ebrei, può costituire un eccellente diversivo per i gravi problemi interni, soprattutto di carattere sociale, dei loro paesi: ed eccoli predicare quest'odio con tutti i mezzi (radio, stampa, scuola, ecc.), eccoli promuovere la traduzione e la diffusione delle più infami opere della propaganda antisemita zarista e nazista (proprio così: zarista e nazista), eccoli predicare la famigerata « guerra santa ». Ed ecco nascere una nuova figura politica: l'arabo antisemita e fascista. Nuova fino a un certo punto, giacché costui, come ha giustamente osservato uno studioso, « assomiglia come un fratello ai suoi colleghi inglesi, tedeschi e francesi. Ha la tipica mentalità del piccolo borghese, per lo più ignorante, alternativamente in preda a un complesso di superiorità verso coloro che reputa più deboli e a un complesso d'inferiorità verso coloro che reputa più forti. È rivoluzionario a parole, reazionario nei fatti. Pretende di scacciare i feudali, i borghesi e tutti i potenti che sfruttano il popolo. In definitiva diventa veicolo, strumento e cane da guardia di tutti gli sfruttatori nazionali e stranieri. I razzisti europei del Colonial Office e quelli del Ministero della propaganda del Terzo Reich sono stati i suoi maestri e i suoi ispiratori. »

Ma qui sto andando fuori strada, visto che non è questo il punto che qui interessa. Il punto, ripeto, è che mentre la fondazione dello Stato di Israele avrebbe dovuto, secondo il pensiero sionista, sottrarre gli ebrei all'antisemitismo, lo ha fatto rinascere nei paesi arabi, quanto meno gli ha dato nuovo vigore. Herzl vedeva giusto, purtroppo, quando scriveva che l'antisemitismo segue gli ebrei come un'ombra.

Ma non è tutto, anzi, forse è ancora poco: che l'abbia voluto o no la maggioranza dei suoi abitanti, fino a oggi Israele è stato soprattutto questo, sul piano internazionale: un avamposto americano nel Medio Oriente, in funzione essenzialmente antisovietica. Non ho ragione di occuparmi della posizione delle due superpotenze, l'una filosionista e filoisraeliana, l'altra antisionista e antisraeliana, ma non posso prescindere dal rilievo che nell'Unione Sovietica, dove gli ebrei sono più numerosi che nelle altre nazioni d'Europa messe insieme, si nota per diversi segni (ne parlerò diffusamente più avanti) una preoccupante reviviscenza antisemita, certamente collegata con l'atteggiamento antisionista di tale nazione. Ora, non c'è dubbio che l'antisionismo è una cosa e l'antisemitismo è un'altra cosa: sta però di fatto che l'antisemitismo nell'U.R.S.S. è in parte generato proprio dall'antisionismo, e che quest'ultimo, a sua volta, trova costante alimento nella collocazione politica d'Israele.

Cerco di tirare le somme. Francamente, non mi sento di dire che gli elementi positivi siano più importanti di quelli negativi: a me parrebbe piuttosto il contrario. E se nel mondo di oggi il problema ebraico è di gran lunga meno acuto rispetto a quaranta o settant'anni fa, lo si deve non tanto alla nascita d'Israele, quanto ad altri elementi: soprattutto alla generale rivolta delle coscienze (almeno in Europa) contro il genocidio nazista nonché all'incessante processo di assimilazione. Israele, da parte sua, direi che per alcuni versi ha contribuito ad appianare il problema, ma per altri versi, forse più importanti, lo ha invece riproposto, sia pure in termini diversi e in un diverso contesto storico. E di ciò costituisce una chiara manifestazione la già ricordata risoluzione dell'O.N.U., del 10 dicembre 1975. Sono anch'io dell'avviso che tale risoluzione, come dice la mozione approvata il giorno seguente dal Senato degli Stati Uniti, « incoraggia l'antisemitismo, associando ed assimilando ingiustamente il sionismo con il razzismo e la discriminazione razziale », ma debbo osservare che all'origine di tale fenomeno degenerativo non è estranea la politica seguita da Israele e sostenuta dagli USA.

Né si vede, a meno che si arrivi presto ad una soddisfacente soluzione dell'impervia vertenza arabo-israeliana, come dallo Stato d'Israele possa nascere un'inversione di tendenza. Anzi, si ha l'impressione di trovarsi in presenza di un'insanabile contraddizione. Israele invoca e favorisce con ogni mezzo una più consistente immigrazione ebraica, allo scopo di opporre un fronte più consistente alle nazioni arabe; ma quanto più la popolazione ebraica d'Israele aumenta, tanto più aperti divengono i timori e l'ostilità degli arabi: di qui il bisogno di ulteriori immigrazioni, ma di qui anche un ulteriore incentivo a tale ostilità. E così di seguito, in una drammatica spirale, che per il momento pare senza via d'uscita.

E allora? È davvero insolubile il problema ebraico, come qualcuno ritiene?

Non sono un profeta né un politico, non mi sento quindi di arrischiare previsioni. Sono però convinto che nulla, in definitiva, possa giovare quanto una paziente opera di educazione e di persuasione. Coloro i quali si rendono conto che la tutela delle minoranze ebraiche – come di tutte le altre minoranze: i negri o i portoricani negli Stati Uniti, gli emigranti italiani, greci o algerini in Francia o in Germania, ecc. – è indissociabile dalla tutela della libertà di tutti gli uomini, non dovrebbero astenersi, a mio avviso, dal dare il loro contributo, non importa se modesto. Ciò che si tratta di portare avanti non è un discorso propagandistico a favore degli ebrei né, meno che mai, di Israele, bensì un'opera di chiarificazione. Non bisognerebbe stancarsi di ripetere e spiegare quello che io stesso mi sono sforzato di spiegare: che gli ebrei – come i negri, gli arabi, ecc. – sono uomini come tutti gli altri, con i loro pregi ed i loro difetti, storicamente spiegabili; che l'antisemitismo non è che spregevole pregiudizio, ottusa intolleranza; che il consorzio umano sarà veramente civile solo quando sarà veramente libero da ogni pregiudizio, cioè tollerante e benevolo verso ogni minoranza, ebrei compresi.

Pongo subito fine alla predica anche perché il mio proposito è di spiegare i termini del problema, quale si presenta oggi, non di cercarne una soluzione. Appunto perciò abbandono Israele e l'Islam per occuparmi, nelle prossime pagine, del resto del mondo.

Capitolo quinto

L'antisemitismo oggi

1. *Papa Giovanni XXIII e gli ebrei: fine di una calunnia*

"Noi siamo spiritualmente semiti" (*Pio XI*)

Si diceva che con la Rivoluzione francese e con le conquiste napoleoniche si spalancarono dovunque i portoni dei ghetti. Va ora precisato che con la sconfitta di Napoleone (1815) e la restaurazione degli antichi ordinamenti quei portoni si rinchiusero in molti paesi per qualche decennio ancora. Con ciò riapparvero, sebbene in forme più attenuate, le antiche discriminazioni antiebraiche.

Lo Stato dell'Europa occidentale che più a lungo mantenne in vita tali discriminazioni fu senza dubbio quello pontificio: nei primi anni del pontificato di Pio IX, dal 1846 al 1848, furono bensì adottate misure per alleviare le condizioni di vita dei « giudii », ma subito dopo, spenta nel sangue la Repubblica romana e ritornato Pio IX – non più il papa « liberale » che tanti avevano sognato, ma l'assertore di una severa teocrazia, – si ritornò al punto di partenza: ancora soggiorno obbligato nel ghetto, esclusione dalle scuole di ogni grado, divieto di spostarsi da una città all'altra per chi non era in possesso di « licenza viatoria », ecc. Nessuno può dire come sarebbero andate le cose nello Stato pontificio se nel 1859 i piemontesi non fossero entrati in Bologna e nelle altre Legazioni e se nel 1870 i bersaglieri non avessero fatto il loro ingresso in Roma. Sta di fatto che questo Stato fu antisemita fino all'ultimo istante della sua vita, cioè coerente con il secolare « insegnamento »: gli ebrei sono un popolo deicida e maledetto; pertanto debbono essere o convertiti alla « vera fede » oppure discriminati *per omnia saecula saeculorum*. Anzi, proprio negli ultimi tempi dello Stato pontificio, vi si verificarono due dolorosi episodi, che provocarono (soprattutto il primo) grandissimo scalpore e che gli ebrei di tutto il mondo ricordano ancor oggi.

Nel 1852, a Bologna, un bambino ebreo di un anno, Edgardo Mortara, era seriamente ammalato. La donna di servizio, di religione cristiana, battezzò segretamente il piccino. Cinque anni dopo, essendo l'autorità ecclesiastica venuta a conoscenza dell'accaduto, i poliziotti irruppero in casa Mortara, prelevarono il piccolo, lo trasportarono a Roma e lo rinchiusero in un istituto religioso: Edgardo vi rimase sino alla maggiore età, senza più vedere i genitori. I quali lottarono a lungo, disperatamente, e, divenuto il fatto di pubblico dominio, ebbero autorevoli appoggi: sovrani di mezza Europa e personalità di ogni parte del mondo cercarono di indurre il Papa a recedere dalla sua posizione. Inutilmente: il battesimo di un bambino in pericolo di morte – fu risposto – doveva considerarsi valido, ancorché impartito contro la volontà dei genitori (*invitis parentibus*); ed era inammissibile che un piccolo cristiano venisse affidato all'influenza di genitori ebrei. Edgardo Mortara, divenuto adulto, venne ordinato sacerdote e fu validissimo predicatore.

Nel 1864, si verificò a Roma un episodio analogo, allorché Giuseppe Coen, undicenne, fu fatto entrare con un sotterfugio nell'ospizio dei catecumeni ed ivi rinchiuso, senza più contatti con i suoi familiari. Ne uscì solo molti anni dopo, per entrare nell'Ordine dei carmelitani. Anche questa volta la Chiesa fu irremovibile, nonostante le clamorose proteste e l'immenso dolore dei familiari: una sorella ne morì, la madre impazzì.

Con la fine dello Stato pontificio viene a cessare ogni forma di persecuzione degli ebrei, in tutta Italia. Non per questo cessa l'antisemitismo di matrice cattolica: la Chiesa non ha più alcuna spada, ma le rimane la penna. E che penna! È proprio negli ultimi decenni del secolo scorso che la rivista dei Gesuiti "La civiltà cattolica" dà inizio ad una astiosa campagna, la quale ha il suo acme intorno al 1890 e prosegue, sia pure con toni meno accesi e pause sempre più lunghe, fino agli anni '30.

Il motivo contingente va individuato soprattutto nel tortuoso intendimento dei Gesuiti di combattere gli avversi movimenti politici – liberalismo, massoneria, repubblicanesimo, socialismo, ecc. – facendo leva per l'appunto sull'antisemitismo, sempre latente negli animi. Riporto alcuni passi de "La civiltà cattolica", ricordando fra parentesi l'annata: (1888) « Nelle trasmigrazioni dei popoli, le razze si confusero [...]; il giudeo no! Sempre si distingue tra tutti i popoli e la maledizione ricevuta, dopo venti secoli, è come se ieri l'avesse ricevuta »; (1892) « Quali sono state le conseguenze dell'emancipazione? Due, manifeste, palpabili, luttuosissime: una guerra spietata, incessante alla religione cristiana [...] »; (1897) occorre farla finita con l'uguaglianza, occorre ripristinare le vecchie limitazioni, prendendo a modello la legislazione zarista; (1922) l'U.R.S.S. è una « repubblica ebrea comunista », fondata su principi che solo « il pervertimento di una fantasia semita poteva escogitare »; (1928) « rimane il pericolo giudaico [...]; ed è merito riconosciuto del nostro periodico – possiamo dirlo con serenità – di averlo denunciato fin dalle origini... ».

È difficile dire quanto male abbia provocato il veleno che copiosamente fluiva dalle pagine de "La civiltà cattolica" e di certa pubblicistica cattolica di intonazione antisemita. Ma non dev'essere stato poco, almeno a giudicare dalla circostanza che diverse accuse dei gesuiti – anzitutto le gratuite identificazioni: ebreo = massone, ebreo = sovversivo, ebreo = rinnegato, ecc. – ricompaiono, pari pari, nella stampa fascista degli anni 1938-1945.

Per fortuna di tutti, l'antisemitismo della Chiesa appartiene al passato. Anzi, all'antico antisemitismo si è sostituito un solenne messaggio di fratellanza verso gli ebrei.

Il primo segno del nuovo corso è un decreto del S. Uffizio del 1925: « La chiesa condanna l'odio contro il popolo già eletto da Dio, quell'odio cioè che oggi volgarmente suole designarsi antisemitismo ». Il secondo è rappresentato dall'enciclica *Mit brennender Sorge* (con viva ansia), rivolta ai cattolici tedeschi, con cui Pio XI condanna duramente il razzismo nazista. Il terzo evento è costituito dall'atteggiamento tenuto dalla Chiesa allorché, nell'estate del 1938, si scatena la campagna antisemita fascista: atteggiamento che è di ferma e coraggiosa riprovazione. In una allocuzione dell'estate del 1938 Pio XI pronuncia queste parole, decisamente inconsuete per il capo della Cattolicità: « No, non è possibile ai cristiani partecipare all'antisemitismo; per il Cristo e nel Cristo, noi apparteniamo alla discendenza spirituale di Abramo [...]. Noi siamo spiritualmente semiti ». Negli stessi giorni, alla vigilia della legislazione antisemita, il Papa non perde occasione, si può dire, per far conoscere il suo netto dissenso. Successivamente dà un certo aiuto ai perseguitati; l'aiuto diverrà in seguito più consistente, fino a trasformarsi, nel periodo della Repubblica di Salò, in una vasta azione di soccorso che condurrà a morte eroica diversi soccorritori.

Detto questo, vanno fatte alcune precisazioni, non per sminuire l'azione della Chiesa in difesa degli ebrei, bensì per collocarla nella sua esatta prospettiva storica: per dimostrare come, se il passo compiuto era notevolissimo, si era ancora lontani da ciò che avvenne più tardi.

Veramente, del decreto del '25 e del suo contesto storico non so nulla: ho trovato citate queste righe, mi sono parse importanti e le ho riportate. Conosco bene, invece, la *Mit brennender Sorge* e posso dire che, coraggiosa fin che si vuole, questa enciclica combatte l'antisemitismo razzista, non già l'antisemitismo in genere: invano vi si cercherebbe una ripulsa dell'antisemitismo cristiano. E quanto all'atteggiamento tenuto di fronte a Mussolini, osserva il De Felice, nel libro *Gli ebrei italiani sotto il fascismo*, che la maggiore preoccupazione della Chiesa si rivolse verso gli ebrei convertiti, soprattutto in ordine alla sorte dei loro matrimoni con cattolici: si temeva, più precisamente, l'introduzione del divorzio, sia pure limitatamente a una ristrettissima cerchia di persone. Né si può dimenticare che diverse personalità del mondo cattolico sostanzialmente appoggiarono la campagna antisemita: una di queste, Padre A. Gemelli, ebbe a dire, il 9 gennaio 1939: « Tragica, senza dubbio, e dolorosa è la situazione di coloro che non possono far parte, e per il loro sangue e per la loro religione, di questa magnifica patria; tragica situazione in cui vediamo, una volta di più, attuarsi quella terribile sentenza che il popolo deicida ha chiesto su di sé e per la quale va ramingo per il mondo [...], mentre le conseguenze dell'orribile delitto lo perseguitano ovunque e per sempre ». Parole che furono poi interpretate come una pura e semplice adesione alla linea antisemita del fascismo, ma che a mio avviso palesano qualcosa di ben più grave; veramente tragica, infatti, era la dilacerazione della Chiesa: da un lato compassionevole e prossima a divenir solidale verso l'ebreo perseguitato (e proprio Padre Gemelli, nei mesi più oscuri della « caccia all'ebreo », fu un generoso soccorritore); dall'altro vittima essa stessa dell'antica condanna.

Il Venerdì Santo del 1959 una sorpresa attendeva i fedeli: nella liturgia del giorno non si diceva più *perfidi Judaei*, ma *Judaei*. Era scomparso un aggettivo vecchio di secoli: una sorpresa veramente piccola, tanto piccola che pochi fedeli se ne accorsero. Non così il clero, da sempre abituato a dare il dovuto peso alle parole. Grande, invero, fu il brusio nei conventi e nelle parrocchie: se il Papa, inaspettatamente, ha stabilito che gli ebrei non sono più « perfidi » (pur avendo la Congregazione dei Riti, dieci anni prima, interpretato la parola nell'innocuo significato di « non credenti ») vuol dire che a Roma sta maturando qualcosa di molto importante. Ed era proprio così. Le cause della svolta? Due, secondo ogni evidenza: il genocidio nazista, un crimine così gigantesco e così recente da imporre un chiarimento dei rapporti con il popolo ebraico, tanto più che il clero si era spesso prodigato, in alcuni casi fino all'estremo sacrificio, per salvare i perseguitati; l'eccezionale, dirompente personalità del nuovo Papa, Giovanni XXIII.

Fu proprio Giovanni XXIII, poco dopo, ad affidare al cardinale Bea l'incarico di redigere un documento da sottoporre al Concilio Ecumenico Vaticano II, nel frattempo convocato. Non è facile riassumere le vicende successive: dovrei fra l'altro spiegare l'impostazione metodologica che guidò il lavoro dei Padri Conciliari, il che mi condurrebbe troppo lontano. Mi limito quindi a riportare alcuni passi, particolarmente significativi, della relazione tenuta nell'aula conciliare, il 19 novembre 1963, dal cardinale Bea, nonché della Dichiarazione *Nostra aetate*, solennemente approvata dal Concilio, il 28 ottobre 1965.

Relazione Bea « ...Se Cristo Signore e gli Apostoli, che hanno subito immediatamente gli effetti dolorosi della Crocifissione, hanno abbracciato con ardente carità i loro stessi persecutori, quanto più dobbiamo lasciarci spingere noi dalla medesima carità? Infatti gli ebrei, di cui trattiamo, tanto meno si possono accusare di quei fatti commessi contro Cristo, quanto più remotamente distano da loro. Anzi, anche al tempo di Cristo la maggior parte del popolo eletto non cooperò affatto coi capi del popolo nella condanna. [...]. Se dunque neppure tutti gli ebrei di Palestina si possono accusare, quanto meno gli ebrei della diaspora nell'Impero Romano, e ancora quanto meno quelli che vivono dispersi nel mondo intero, oggi, dopo diciannove secoli! ».

Dichiarazione *Nostra aetate*: « ... Essendo perciò tanto grande il patrimonio spirituale comune a Cristiani ed Ebrei, questo Sacro Concilio vuole promuovere e raccomandare tra loro la mutua conoscenza e stima [...]. Non possiamo invocare Dio Padre di tutti se ci rifiutiamo di comportarci da fratelli verso alcuni fra gli uomini che sono creati ad immagine di Dio [...]. Viene dunque tolto il fondamento a ogni teoria o prassi che introduce fra uomo e uomo, fra popolo e popolo, discriminazioni in ciò che riguarda la dignità umana e i diritti che ne promanano. In conseguenza la Chiesa dichiara esecrabile, come contraria alla volontà di Cristo, qualsiasi discriminazione tra gli uomini o persecuzione perpetrata per motivi di razza o di colore, di condizione sociale o di religione ».

Il documento fu approvato a grandissima maggioranza: 1651 voti favorevoli, 99 contrari. La larga confluenza di suffragi si spiega tenendo presente che il tono della dichiarazione risultava sensibilmente attenuato rispetto all'impostazione originaria: nel frattempo Giovanni XXIII si era spento e si erano fatte sentire voci contrastanti di alcuni prelati conservatori (soprattutto spagnoli e italiani) e di alcuni vescovi operanti nei paesi islamici, comprensibilmente preoccupati di non urtare troppo la sensibilità degli arabi. Ciò nondimeno *Nostra aetate* costituisce un atto di portata storica, una radicale revisione dell'atteggiamento della Chiesa: l'ebreo non è più considerato deicida; è un uomo come tutti gli altri. Ed ai cattolici, ai veri cattolici, ne è derivato – per ricordare le belle parole di François Mauriac – « il conforto di sentire il successore del Galileo, Simone Pietro, condannare con parola netta e chiara, e non con allusioni diplomatiche, la crocifissione di questi innumerevoli fratelli del Signore ».

Circa nove anni dopo, il 3 gennaio 1975, venne pubblicato, a cura della « Commissione per le Relazioni Religiose con l'Ebraismo », opportunamente istituita da Paolo VI, un altro documento, intitolato « Orientamenti e suggerimenti per l'applicazione della Dichiarazione Conciliare *Nostra Aetate* n. 4 ». È un documento di carattere pratico, indispensabile per fare entrare in vigore la Dichiarazione Conciliare, che stava già rischiando di restare lettera morta, ed è importantissimo, appunto perché di carattere pratico. C'è quindi motivo di sperare che i vescovi, a loro volta, « sapranno prendere le opportune iniziative pastorali », come dice il documento stesso, che il lettore trova integralmente riportato nell'Appendice.

2. *Stati Uniti: antisemitismo declinante*

Nonostante il Concilio Vaticano II, l'antisemitismo, quest'antica malattia dell'anima, non è scomparsa dal mondo. All'antica motivazione religiosa, ormai in nettissimo declino, altre se ne sono aggiunte, col passare dei secoli: economiche, sociali, « razziali », ideologiche, politiche, ecc. Altre ancora ne stanno sorgendo. Ragion per cui non mi sembra fuori luogo fare il punto della situazione.

Mi è impossibile dare un giudizio d'insieme. Posso solo dire che in alcune nazioni non è mai esistito né esiste antisemitismo, per la semplice ragione che non vi sono mai stati né vi sono ebrei (si pensi all'Estremo Oriente); che in altre esistono bensì consistenti comunità ebraiche, ma non risulta che nessuno se la sia mai presa con le medesime (è il caso del Brasile e del Sud Africa, due nazioni rette da regimi indubbiamente condannabili, ma non sotto il profilo che qui interessa); che in altre ancora continuano a manifestarsi preoccupanti rigurgiti antisemiti: è il caso della Francia, dove peraltro si è avuta, il 16 aprile 1973, una splendida dichiarazione di quell'Episcopato (« L'ebreo merita la nostra attenzione e la nostra stima, spesso la nostra ammirazione, sempre il nostro amore » vi si legge). Non è il caso, d'altra parte, di considerare uno per uno gli altri paesi del pianeta. Prendo quindi in esame la situazione nelle due superpotenze: prima negli Stati Uniti, perché si tratta del paese che ospita la comunità ebraica più numerosa (più di sei milioni: quasi la metà degli ebrei di tutto il mondo); poi nell'Unione Sovietica (un po' più di due milioni). Da ultimo parlerò dell'Italia: da noi gli ebrei sono pochissimi (meno di 50.000), ma le loro vicende ci interessano molto da vicino.

Nel 1913 Leo Franck, un ebreo di Atlanta, nel sud degli Stati Uniti, fu accusato di avere violentato e ucciso una donna. Le prove a carico erano insignificanti, ma il tribunale, fortemente prevenuto verso gli ebrei, lo condannò a morte; mentre egli era in prigione alcuni scalmanati si impadronirono di lui e lo impiccarono. L'episodio merita di essere ricordato perché quello del Franck fu l'unico caso di un ebreo ucciso in quanto ebreo, nella storia degli Stati Uniti. Non che l'antisemitismo sia rimasto lontano dagli Stati Uniti: al contrario, vi è durato a lungo, con punte di notevole asprezza, ma, fatta appunto eccezione per tale episodio, non vi è mai stato cruento.

Fino al 1861 i casi sono assai modesti e sporadici. Ma con la guerra di secessione (1861-1865) l'antisemitismo comincia a prendere consistenza, in connessione con la crisi economica e la dilacerazione degli animi, proprie dell'epoca. Per la prima volta gli ebrei vengono attaccati in quanto tali: li si accusa di contrabbando, di spionaggio, di speculazioni e di altri imbrogli. Il più importante antisemita del tempo è il generale Ulysses S. Grant, che nel 1862 ordina l'espulsione di « tutti » gli ebrei, « entro 24 ore », dal Tennessee, dal Mississippi e dal Kentucky (cioè da un territorio molto più grande dell'Italia). L'ordine pazzesco viene immediatamente revocato dal Presidente Abramo Lincoln.

Nell'estate del 1877 avviene un altro episodio da ricordare. Joseph Seligman, ricco banchiere ebreo di New York, arriva in un hotel di Saratoga, per godersi una bella vacanza. Niente da fare: l'albergatore dice che gli ebrei non gli piacciono. Nella loro maggioranza, i giornali manifestano viva indignazione, ma per la quasi totalità degli albergatori delle località di villeggiatura è come un segnale convenuto: nel giro di pochi mesi quasi tutti mettono fuori il cartello « Preferiamo non ospitare ebrei ». Subito dopo la discriminazione si fa strada verso le città: quasi tutti i club mondani, culturali e sportivi sbarrano le porte agli ebrei; i ragazzi ebrei vengono esclusi da molte scuole private.

È facile scoprire il significato di tutto ciò: in realtà non sono gli albergatori, gli addetti ai club, i maestri o i professori a non volere gli ebrei; sono le vecchie e ricche famiglie, soprattutto quelle di origine anglosassone: esse non amano mescolarsi con gli ebrei arricchiti di recente, sia perché li giudicano volgari ed antipatici, sia, e soprattutto, perché ne temono la concorrenza.

Ho già avuto occasione di soffermarmi sulla forte emigrazione ebraica dai paesi dell'Europa orientale verso gli Stati Uniti, negli ultimi decenni del secolo XIX e nei primi decenni del XX. Aggiungo ora che l'arrivo di questi ebrei, il loro impegno, la loro alacrità, la loro solidarietà, divengono presto altrettanti focolai di reazione antisemita: le discriminazioni si accentuano. Gli ebrei, a loro volta, si difendono; risale ai primi anni di questo secolo la costituzione dell'*American Jewish Committee*, destinato poi a svolgere un'opera intensa, non solo negli Stati Uniti.

Ma gli antisemiti non si battono soltanto per rafforzare il sistema discriminatorio: un altro loro obiettivo, non meno importante, sta nel contenere, per quanto possibile, il numero degli ebrei, e perciò essi appoggiano un progetto di legge che mira a ridurre fortemente l'immigrazione negli Stati Uniti da ogni parte del mondo. La battaglia è lunga, gli americani progressisti sono tutti « immigrazionisti », ma alla fine debbono cedere: nel 1924 la legge passa. In avvenire, agli ebrei polacchi, tedeschi, ecc. (come del resto ai polacchi e ai tedeschi non ebrei, nonché ai cinesi, agli irlandesi, agli italiani, ecc.) non sarà più concesso di trasferirsi in America, se non in esigua misura. E questa disposizione (che, come ho osservato in precedenza, ebbe notevoli conseguenze sull'emigrazione ebraica verso la Palestina) è rimasta in vigore fino a pochi decenni or sono.

Sono arrivato al 1924 ed oltre, ma ora debbo fare qualche passo indietro: il 1920 è infatti un anno importante nella storia dell'antisemitismo americano.

La prima guerra mondiale è finita da poco, la Rivoluzione d'Ottobre sembra scuotere il mondo dalle fondamenta, la crisi economico-sociale degli *States* è grave: è uno di quei mo-

menti in cui la gente si sente frastornata, impaurita e avverte il bisogno di rovesciare su qualcuno la colpa di ciò che accade: il bisogno di un capro espiatorio, come si suol dire. Ed è anche il momento in cui negli Stati Uniti viene pubblicato, con grande tiratura, un libro di estrema importanza nella storia dell'antisemitismo: *I protocolli dei savi anziani di Sion*. Al posto del nome dell'autore si legge « Internazionale ebraica »; e chi comincia a sfogliare il libro vi trova – espresso in una serie di oscuri discorsi: i « protocolli », appunto – qualcosa che vorrebbe essere mostruoso, diabolico: un piano per la conquista del mondo intero. Sfruttamento, guerre, rivoluzioni, massacri, carestie: tutto è puntualmente previsto dai « protocolli ». Vale la pena di riportare qualche riga, che traggo dal V protocollo:
« Per impadronirsi della pubblica opinione dovremo anzitutto confonderla al massimo grado, esprimendo le opinioni più contraddittorie, affinché i Gentili si smarriscano nel labirinto delle medesime. Ed allora essi comprenderanno che la miglior via da seguire è quella di non aver opinioni in fatto di politica; la politica non essendo cosa da venir intesa dal pubblico, ma riservata soltanto ai dirigenti degli affari. E questo è il primo segreto. Il secondo segreto, necessario al successo completo del nostro governo, consiste nel moltiplicare a un punto tale gli errori, i vizi, le passioni, che nessuno possa vederci chiaro in simili casi. Questa politica ci aiuterà pure a seminare la zizzania in tutti i partiti, a dissolvere tutte le forze collettive, a scoraggiare ogni iniziativa, la quale potrebbe in tal modo intralciare tutti i nostri progetti ».

Oggi si fa veramente fatica a capire come simili assurdità abbiano potuto essere prese sul serio da tanti americani, eppure è quello che succede in America nel 1920 (e che prima era già successo in Europa, soprattutto in Russia e in Germania: Hitler, per esempio, fu letteralmente affascinato dai « Protocolli », specie dal V): pochi sono coloro che intuiscono l'imbroglio. Perché in effetti i « Protocolli » non furono altro che un sudicio imbroglio: è fuori dubbio che questo libro fu fabbricato dall'Okrana, la polizia segreta zarista, fu quindi tradotto in tedesco da antisemiti tedeschi e infine ritradotto da altri antisemiti nelle lingue dei rispettivi paesi. La falsità dei « Protocolli » fu accertata dal Tribunale di Berna nel 1935, a conclusione di un accurato processo, e più tardi, nel

1955, il libro fu presente alla esposizione internazionale delle « contraffazioni letterarie », organizzata a Parigi dall'Interpol.

Sempre nel 1920 compare negli Stati Uniti un altro libro: *L'ebreo internazionale*, di Henry Ford, colui che i contemporanei proclamarono « il re dell'automobile », ma che potrebbe anche ricordarsi come « il re dell'imbecillità antisemita ». Non intendo dire, ovviamente, che Ford fosse un imbecille; dico che lo diventava quando pensava agli ebrei: una vera mania di persecuzione. Approssimativamente, il libro consta di due parti, mescolate fra loro. Molte pagine sono solo una ripresa ed un commento dei « Protocolli »; e questa, tutto sommato, è la parte meno sciagurata. Qui Ford si produce in una specie di svolazzamento trainato ed è soltanto ridicolo. Ma le altre pagine, purtroppo, sono proprio sue. Qui Ford non riesce nemmeno a sollevarsi dal suolo e diviene grottesco. Un esempio può bastare. Come mai la stella dell'Unione Sovietica ha cinque punte? È semplice: Trotzki e gli altri ebrei della banda hanno preso la stella di Davide, che ha sei punte, ne hanno levata una, quindi hanno opportunamente distanziato le rimanenti (pag. 171 della traduzione italiana, edizione Sonzogno, 1938).

Notevole è l'effetto sul pubblico americano, specie nelle campagne, sia dei « Protocolli » sia del libro di Ford, per tutti gli anni '20. È in questi anni che il famigerato *Ku Klux Klan* dedica le sue attenzioni non solo ai negri e ai cattolici, ma anche agli ebrei, con boicottaggi e vessazioni, e che le discriminazioni raggiungono il loro apice: alcune aziende private si rifiutano di assumere ebrei, a molti studenti ebrei è vietato entrare in talune università; anche i professionisti ebrei hanno la vita difficile. Ed è proprio in questi anni, dicevo, che passa la legge antimmigrazionista.

Bisogna anche sottolineare, però, che la parte migliore dell'opinione pubblica americana reagisce con vigore; va ricordata in particolare una solenne dichiarazione firmata dal presidente Wilson, dall'ex presidente Taft e da altre 117 personalità della politica e della cultura. La polemica si protrae a lungo finché, infastidito dalle denuncie che continuano a piovere, toccato nel suo puritano portafoglio da una vivacissima campagna di controsabotaggio ebraico, Henry Ford lascia perdere e indirizza pubbliche scuse all'intera comunità ebraica: in avvenire non si occuperà che di automobili. Corre l'anno 1927.

Negli anni '30 – gli anni della grande crisi, di Roosevelt e del trionfo nazista in Germania – si fanno avanti certi tipi di antisemiti mai visti prima. In buona sostanza, sono fascisti e il loro antisemitismo è più « ideologico » e più velenoso che mai. C'è il « German-American Bund » che si dissolve presto, perché il capo, Fritz Kuhn, finisce in carcere per appropriazione indebita; ci sono le Camicie d'Argento e i Cavalieri della Camelia Bianca; c'è – peggiore di tutti – un reverendo immeritevole di essere riverito, il prete cattolico Charles Coughlin: costui parla settimanalmente per radio a milioni di persone, gira il paese in lungo e in largo, accolto da folle fanatizzate. C'è anche, spiace doverlo ricordare, Charles Lindbergh, il famoso trasvolatore.

Ma con l'entrata degli Stati Uniti in guerra tutto pare attutirsi: gli ebrei fanno il loro dovere di soldati e nessuno dovrebbe aver più motivo di dire o fare alcunché contro di essi. Nondimeno, da un sondaggio del 1944, risulta che molti americani, circa il 20%, considerano gli ebrei « una minaccia » per la nazione. Vale la pena di aggiungere che nel 1948, in occasione delle elezioni presidenziali, compare il « Partito Cristiano Nazionalista », con un programma violentemente anticomunista e antisemita (nel 1948 Israele è sostenuto dall'Unione Sovietica): gli ebrei sionisti debbono essere deportati, bisogna distruggere la « Gestapo ebraica », l'immigrazione ebraica va bloccata, ecc. Non riscuote successo e scompare senza lasciare traccia.

E oggi? Oggi, la situazione degli ebrei negli Stati Uniti si può considerare veramente buona, soprattutto se si tiene conto di come vanno le cose in altri paesi.

Da parecchi anni non esistono più movimenti organizzati di antisemiti. Nemmeno le ricorrenti ondate di estrema destra presentano più colorazioni antiebraiche. Prima di approfondire l'argomento nutrivo qualche sospetto (la forza dei miei pregiudizi anti-antisemiti!) a proposito del maccartismo, ma poi mi sono documentato: Joseph McCarty – « il mitragliere di coda McCarty », come egli amava presentarsi – era molto poco intelligente, questo sì, ma non fu mai antisemita, a onor del vero.

Sono molti anni, ormai, che non compaiono più pubblicazioni antiebraiche e che ogni discriminazione è praticamente caduta. Gli ebrei possono oggi soddisfare pienamente la loro tradizionale inclinazione agli studi: il 10% dei professori universitari è costituito da ebrei, mentre gli studenti ebrei iscritti ai prestigiosi corsi universitari della *Ivy League* hanno recentemente superato il fantastico « muro » del 25% (ricordo che gli ebrei americani rappresentano il 3% circa dell'intera popolazione). Molti sono gli scrittori, i giornalisti, gli attori, gli avvocati e gli ingegneri ebrei; moltissimi i medici: la medicina è un'antica passione ebraica. Numerosi anche gli industriali, i banchieri e gli uomini politici ebrei: è ebreo Kissinger, come tutti sanno, lo sono diversi senatori. E chissà che in un non lontano avvenire non si abbia un Presidente ebreo.

Sebbene considerevoli (ma ormai declinanti) pregiudizi antisemiti continuino a covare nell'animo di molti americani e sebbene il futuro non sia affatto scevro di preoccupazioni – giacché l'esperienza storica ha tante volte dimostrato che tali pregiudizi possono facilmente trasformarsi in discriminazioni, e queste in persecuzioni, allorché insorgono conflitti sociali – è certo che gli ebrei d'America godono oggi di una libertà assolutamente sconosciuta ai loro antenati. Ne derivano due conseguenze, apparentemente contraddittorie, in realtà riconducibili a una stessa origine: la libertà, appunto. Da un lato si va accentuando il processo di assimilazione: la *visibility* ebraica scompare, nella misura in cui gruppi consistenti di ebrei vengono assorbiti, soprattutto dalle *middle classes*. Dall'altro si ha un rifiorire, anche esteriore, della cultura e della religiosità ebraiche. C'è l'ebreo che si sente e vuole essere considerato puramente e semplicemente un cittadino americano; e c'è l'ebreo chassidita che, pur non disconoscendo affatto la sua qualità di cittadino americano, continua a sentirsi orgoglioso del suo nome e del suo cognome e più che mai fiero della sua ortodossia.

3. *Unione Sovietica: antisemitismo strisciante*

"Infamia e disonore su coloro che seminano l'odio contro gli ebrei!" (*Lenin*)

Forse nessun'altra corrente di pensiero è mai stata così nettamente contraria all'antisemitismo come il marxismo.

Le uniche possibili riserve concernono, paradossalmente, lo stesso Marx: diversi scrittori gli rimproverano di avere manifestato, pur essendo di origine ebraica, tendenze antisemite. Si tratta però di rimproveri quanto meno esagerati. È vero che Marx, ateo e figlio di un ebreo battezzato, mostrò sempre forte avversione verso la religione ebraica. Ma la stessa avversione egli mostrò verso le altre religioni: egli fu antigiudaico nella stessa misura e per ragioni analoghe a quelle per cui fu anticattolico, antiprotestante, ecc. È anche vero che talvolta Marx si lasciò andare, specialmente in una lettera ad Engels che gli è stata frequentemente rimproverata, ad espressioni di insopportabile sapore razzista; ma è risaputo che quando entrava in polemica (nel caso specifico la polemica riguardava Lassalle, pure ebreo) Marx si abbandonava spesso a volgarità. Sta di fatto che nelle sue opere non si trova nulla di veramente antisemita; che egli fu amico ed ammiratore di non pochi ebrei; che nel 1843, quando si pose il problema degli ebrei di Prussia, Marx combatté generosamente per la loro emancipazione.

Contrario a ogni forma di antisemitismo fu pure Engels, che, sopravvissuto di dodici anni a Marx, poté assistere all'inizio delle grandi migrazioni ebraiche dall'Europa orientale e all'inizio di nuove campagne antiebraiche nell'Europa occidentale, con finalità reazionarie: « l'antisemitismo » egli scrive nel 1890 « è nient'altro che una reazione di ceti sociali medievali votati alla rovina dall'avanzare della società moderna, che si compone essenzialmente di capitalisti e di operai; di conseguenza esso serve solo obiettivi reazionari, sotto una copertura in apparenza socialista... ».

Apertissimamente contrari all'antisemitismo furono pure i successivi esponenti marxisti: Otto Bauer (che era di famiglia ebraica) e con lui la scuola austro-marxista; Bebel, Kautsky, Liebknecht, Mehring, e con loro il movimento operaio tedesco. Lo fu infine, più nettamente che mai, lo stesso Lenin.

Ma qui è necessario riassumere brevemente la drammatica situazione degli ebrei alla vigilia della Rivoluzione d'Ottobre. La maggior parte della numerosa colonia ebraica (circa cinque milioni di persone) viveva in un'area coatta, la famigerata « Zona di residenza », costituita nel '700 da Caterina II e sopravvissuta poi fino al 1917; miserrime, nel complesso, erano le condizioni economiche; gravi le limitazioni civili, soprattutto per quanto riguarda l'istruzione; frequenti i massacri. A tenere in vita tali opprimenti condizioni concorrevano i due strati sociali di allora: l'aristocrazia e le masse popolari. Per quanto riguarda la prima, è sufficiente ricordare il programma di Pobiedonoszew, Procuratore del Santo Sinodo: « un terzo degli ebrei emigrerà, un terzo si convertirà, un terzo morirà di fame »; oppure la seguente dichiarazione del ministro Witte: « Maestà, se fosse possibile annegare nel Mar Nero tutti gli ebrei, io sarei pienamente d'accordo. Ma se non è possibile bisogna pur lasciarli vivere ». Ed è intuitivo che alla radice di tale forsennato antisemitismo stava il freddo proposito di dirottare verso gli ebrei la rabbia crescente dell'intero popolo russo e di screditare, nel contempo, i movimenti politici progressisti, presentandoli come gli strumenti di una perfida congiura ebraica per ridurre il mondo in schiavitù. Di tale proposito fu importante espressione la pubblicazione, ad opera dell'*Okrana*, la polizia segreta zarista, dei « Protocolli dei Savi anziani di Sion » (già ricordati a proposito dell'antisemitismo negli Stati Uniti), che costituiscono probabilmente il più tragico falso della storia. I « Protocolli » vennero pubblicati nel 1903 e ripubblicati nel 1905, nel 1907, nel 1917: date estremamente significative.

Per quanto concerne le masse popolari, va detto che la velenosa propaganda zarista vi trovava un terreno molto fertile: i contadini russi erano naturalmente, vorrei dire ingenuamente, portati a odiare gli ebrei: era l'antico veleno religioso che, perdurandovi il medioevo, perdurava nelle campagne russe.

Come reagirono gli ebrei russi? Schematicamente si possono distinguere tre gruppi. Alcuni aderirono ai diversi movimenti di opposizione, per lo più al P.O.S.D.R., il partito di Lenin, come Trotzki, Reutsch, Akselrod, Kamenev, Zinoviev, Dimanstein (in seguito bolscevichi), o come Martov e Dan (in seguito menscevichi). Altri (i più) diedero vita al *Bund*, una grossa organizzazione operaia su basi marxiste, in un primo tempo aderente al P.O.S.D.R.: in sostanza i bundisti rivendicavano una « autonomia extraterritoriale » per la nazione ebraica, da realizzarsi all'interno dei confini nazionali: erano « sionisti con la paura del mal di mare », come disse Pleckanov, cioè non erano propriamente sionisti. Altri ancora costituirono i diversi movimenti dichiaratamente sionisti (« senza la paura del mal di mare ») che agivano in Russia negli ultimi decenni dell'800 ed all'inizio del secolo: alcuni di destra, altri di sinistra (c'era una sinistra socialista-sionista, in Russia e Polonia, il *Poalei-Sion*, dalle cui fila vennero i più fra i fondatori dello Stato di Israele), ma tutti animati dal serio proposito di emigrare verso la Palestina. Non vanno dimenticati, da ultimo, quei gruppi che, in un momento storico così drammatico, seppero rifugiarsi, secondo un'inclinazione tradizionale, nella loro profonda religiosità.

Questa era dunque la situazione quando Lenin conquistò il potere. Ed il suo atteggiamento, se poté sembrare contraddittorio a qualcuno, in realtà fu molto coerente.

Da un lato, Lenin non smise mai di essere aspramente contrario all'antisemitismo. Riporto alcune sue parole: « La scuola, la stampa, la tribuna parlamentare, tutto è utilizzato per seminare un odio cieco, selvaggio, imbecille contro gli ebrei. A questo compito infame non si dedicano solo i rifiuti della nazione, ma anche gli intellettuali, i professori, gli scienziati, i giornalisti, i deputati reazionari »; « ...I nemici dei lavoratori non sono gli ebrei [...] sono i capitalisti di tutti i paesi [...]. Vergogna allo zarismo maledetto, che torturava e perseguitava gli ebrei! Infamia e disonore su coloro che seminano l'odio contro gli ebrei! ».

In coerenza con questo deciso orientamento di Lenin, la Rivoluzione d'Ottobre arrecò, nonostante le dure limitazioni della dittatura proletaria, un immenso miglioramento alle condizioni di vita ebraiche: fine dei *pogrom* zaristi – che durante la guerra civile avevano assunto proporzioni spaventose – gravi sanzioni contro ogni manifestazione antisemita; libero accesso a qualsiasi genere di attività; magnifico sviluppo della cultura *yiddish* (come forse il lettore ricorda, *yiddish* è il nome di una lingua, di origine germanica, che fino a mezzo secolo fa era molto diffusa fra gli ebrei dell'Europa centro-orientale e che esiste tutt'oggi).

Dall'altro, Lenin non smise mai di combattere contro le tendenze del *Bund*, fino alla sua completa dissoluzione, avvenuta nel 1921 (nell'U.R.S.S.: in Polonia, invece, il *Bund* rimase attivo fino al 1939). Tale sua linea di condotta era determinata da ragioni di principio e da concrete esigenze. Da ragioni di principio, nel senso che Lenin individuava la soluzione del problema ebraico nell'assimilazione: l'assimilazione, che rappresenta « un immenso progresso storico », senza mai essere « vituperata dagli ebrei migliori, che hanno dato al mondo alcuni dirigenti avanzati della democrazia e del socialismo »; conseguentemente, « l'idea di una "nazionalità ebraica" ha carattere nettamente reazionario non solo presso i suoi seguaci conseguenti (i sionisti), ma anche presso quelli che si sforzano di conciliarla con le idee della socialdemocrazia ». Da concrete esigenze, nel senso che Lenin, come tutti sanno, poneva al di sopra di ogni cosa la più stretta unità delle forze proletarie: il *Bund*, invece, « si è impegnato sulla via dell'isolamento degli operai ebrei, senza comprendere che il proletariato ebraico non è che una parte della grande famiglia mondiale dei proletari ».

Quanto ai sionisti, bisogna dire che Lenin, pur detestandoli, non se ne occupò più che tanto: non era un movimento che potesse influire, in male o in bene, sulla Rivoluzione. E quanto alla religione ebraica essa soffrì indubbiamente gravi restrizioni: né più né meno di tutti gli altri culti.

Parliamo di Stalin. Soprattutto dopo la sua morte, non pochi hanno lanciato contro di lui l'accusa di « antisemitismo »: un'accusa pesantissima, forse la peggiore. È vero?

Per quanto ne so, bisogna distinguere due periodi: dal 1924 (morte di Lenin) al 1950; dal 1950 al 1953 (morte di Stalin).

Nel 1931, rispondendo a un giornalista, Stalin condanna l'antisemitismo con parole anche più pesanti di quelle di Lenin: « L'antisemitismo, forma estrema dello sciovinismo razziale, è la sopravvivenza più pericolosa del cannibalismo [...] è un pericolo per i lavoratori, è la strada sbagliata che li allontana dalla giusta via. Perciò i comunisti, in quanto internazionalisti conseguenti, sono nemici implacabili dell'antisemitismo ». Ora, nel periodo in questione bisogna dire che –

salvo una tragica e non brevissima fase intermedia – il comportamento di Stalin fu in complesso coerente con le affermazioni che ho riportato: si ha notizia di numerosi opuscoli destinati alle scuole sul finire degli anni '20, in cui si divulgano le idee di Lenin e Stalin sulla piaga dell'antisemitismo, nonché di dure condanne, comminate negli stessi anni, contro antisemiti. Ma qui preme sottolineare soprattutto tre circostanze.

La prima è che la cultura *yiddish* continuò a godere, fino al '35, di una libertà di espressione e di uno sviluppo senza precedenti: appunto nel '35 esistevano nell'Unione Sovietica molti quotidiani e teatri in lingua *yiddish*, mentre il suo insegnamento era assicurato da innumerevoli scuole. La situazione peggiorò gravemente e rapidamente negli anni immediatamente successivi, probabilmente in connessione con le grandi purghe (di cui furono vittime diversi ebrei, come Kamenev e Zinoviev), al punto che nel 1938 scomparve l'ultimo giornale *yiddish* di Mosca. Ma con lo scoppio della guerra, nel 1941, si ebbe un nuovo rilancio di tale cultura; verosimilmente perché Stalin intendeva eliminare ogni dissidio interno, in modo da opporre all'aggressione nazista la massima coesione nazionale. Sta di fatto che questo relativamente favorevole stato di cose perdurò anche dopo il '45, fin verso l'inizio della guerra fredda.

La seconda circostanza è che i singoli ebrei russi non si videro mai sbarrare la strada in qualsiasi genere di attività, compresa la partecipazione alla vita del P.C.U.S., anche dopo la drammatica « stretta » del '34-'38. Risulta ad esempio che il 10,9% dei membri del Comitato Centrale eletti nel 1939 erano ebrei (e a quell'epoca gli ebrei costituivano il 3% dell'intera popolazione).

La terza circostanza è che l'Unione Sovietica di Stalin fu – come ha dimostrato il Deutscher, uno scrittore ebreo non sospetto di simpatie staliniane – il paese che più di ogni altro si adoperò per salvare i propri ebrei dall'eccidio nazista. Gli ebrei russi finiti nelle camere a gas provenivano quasi tutti dalla Bielorussia e dall'Ucraina occidentale, cioè da regioni che i tedeschi occuparono all'inizio dell'invasione, ma gli ebrei delle regioni successivamente occupate dai tedeschi furono quasi tutti evacuati dalle truppe russe, via via che queste si ritiravano.

Ora, che cosa oppongono gli accusatori di Stalin? Alcuni argomenti sòno molto superficiali: per esempio, che nel 1937 Stalin fece fucilare alcuni generali ebrei, come Jakir e Feldman: argomento superficiale, giacché proprio nella stessa epoca altri ebrei, come Stern e Meklis (il quale ebbe poi una parte di primo piano nei processi che portarono alla liquidazione del maresciallo Tukacevsky e di molti alti ufficiali), ottennero cariche militari importanti. Altri argomenti sono certamente più consistenti, ma non cambiano, secondo me, la sostanza delle cose: la costituzione della regione ebraica autonoma del Birobigiàn, che avrebbe dovuto costituire uno « sfogo » sionista e invece costituì uno scacco della politica sovietica verso gli ebrei; la definitiva liquidazione di ogni movimento sionista, intervenuta nel 1930 (ma quale altro movimento politico lasciò sopravvivere Stalin?).

Ben diversa la politica di Stalin nel periodo 1950-1953, che del resto aveva avuto una sinistra anticipazione nel 1945, con lo scioglimento del comitato antifascista ebraico, i cui componenti furono massacrati molto più tardi, nel 1952. Alcuni ricollegano il nuovo corso staliniano all'arrivo nell'Unione Sovietica della signora Golda Meir, ambasciatrice d'Israele, ed alle entusiastiche accoglienze, di chiara intonazione sionista, che le riservarono parecchi ebrei russi; altri all'inizio della « guerra fredda »; altri allo slittamento di Israele nel campo occidentale, manifestatosi clamorosamente all'.O.N.U. nel giugno 1950, con il voto a favore dell'intervento americano in Corea; altri ancora alla involuzione psicologica di Stalin, sempre più isolato e più sospettoso. Non saprei dire.

Certo è che, a partire dal 1950 circa, Stalin cominciò a vedere in ogni sionista – o presunto tale – un nemico, e a temere che ogni ebreo fosse sionista, con conseguenze che molti, ancora oggi, definiscono eufemisticamente « atti di violazione della legalità socialista », ma che in realtà furono atti di tirannide: la farsa sanguinosa, a Praga, del processo Slansky – l'ebreo Slansky, « agente del fascista Tito » – che si conclude, in pratica, con l'allontanamento di quasi tutti gli ebrei dai posti di comando; la liquidazione fisica di numerosi altri intellettuali ebrei nell'U.R.S.S., accusati – a torto e ipocritamente – di « sionismo » o di « cosmopolitismo »; la rapida, brutale liquidazione di tutte le istituzioni culturali *yiddish*: teatri, scuole, giornali, ecc.; l'aggravamento delle già penose condizioni della vita religiosa ebraica.

Vengo alla situazione di questi ultimi anni che è inquietante, per alcuni versi sconfortante: l'antisemitismo non è ancora morto nell'Unione Sovietica.

Si noti bene: non sto parlando di antisionismo, sto parlando esclusivamente di antisemitismo (che nell'U.R.S.S. è spesso mascherato come « antisionismo »). E mi limito a ricordare alcuni fatti.

Nel 1963 viene pubblicato, a cura dell'Accademia ucraina di scienze, un libro di un certo Kichko, intitolato *Giudaismo senza belletto*. La prefazione, firmata da due membri di detta Accademia, dice che si tratta di « un'opera profonda e sostanziale [...] contenente una straordinaria quantità di fatti, analizzati coscientemente e scientificamente [...] quindi di grande aiuto per un'ampia cerchia di lettori ». In realtà il libro è pieno di calunnie antisemite: l'ebreo è ladro, falso, ipocrita, corruttore, ecc.; ed è corredato da vignette semplicemente ripugnanti.

La reazione della stampa occidentale è vivissima. Vivissima e spesso ipocrita: molti di coloro che strillano farebbero assai meglio a non trascurare ciò che succede in casa loro (ne avremo un esempio tra poco, parlando dell'Italia). Nulla da eccepire, invece, sul corsivo de "L'Unità" (29 marzo 1964), in cui si afferma che « bisogna lottare contro questi fenomeni », perché « l'astensione o anche una lotta non abbastanza ferma possono solo nuocere all'Unione Sovietica e ispirare dubbi su di essa nella coscienza del proletariato internazionale », e su quello de "L'Humanité", che si esprime in termini analoghi.

Dopo qualche settimana, la "Pravda" si decide a riconoscere, con molta cautela, che « una serie di affermazioni erronee, contenute nel libro, possono offendere il sentimento dei fedeli ed essere interpretate in senso antisemita ». Il libro è ritirato dalla circolazione. Ma nel '67 il Kichko viene riabilitato e ricomincia tranquillamente a mettere in giro pubblicazioni antisemite.

Non si è ancora spenta l'eco dello scandalo quando compare nell'U.R.S.S. un libro di un certo Mayatzky: *Il giudaismo contemporaneo e il sionismo*. Non ci sono vignette, ma il libro è altrettanto antisemita e altrettanto cretino di quello del Kichko. "L'Unità" del 15 dicembre 1964 reagisce vigorosamente: è vero, dice, che dopo lo scandalo Kichko gli antisemiti come Mayatsky non osano più dichiararsi apertamente tali, però « occorre andare avanti ancora per far sì di risolvere fino in fondo – cioè fino all'eliminazione di ogni caso Kichko o Mayatsky – questo problema fondamentale per tutte le società civili, ma in particolare per una società socialista... ».

Non risulta che anche il libro del Mayatsky sia stato levato di mezzo. Risulta invece che successivamente hanno continuato a comparire nell'U.R.S.S. pubblicazioni antisemite. Ce lo fa sapere il senatore Umberto Terracini, il quale, in una intervista concessa a "La Stampa" (18 novembre 1972), aggiunge di possederne un lungo elenco. Una di queste pubblicazioni non è precisamente un libello, ma qualcosa di più grave: una nota che compare, il 12 ottobre 1972, sul bollettino dell'agenzia sovietica di stampa Novosti, che si stampa a Roma. È uno scritto velenosamente antisemita e contiene, dice Terracini, « un cumulo di idiozie costruite con citazioni ammuffite ». Successivamente, il 25 marzo 1974, compare sullo stesso bollettino un'altra nota, non meno idiota e non meno velenosa.

Il 26 dicembre 1970, il Tribunale di Leningrado condanna a morte due imputati ed a pene variabili da 14 a 4 anni altri nove imputati: sono colpevoli di avere progettato « il furto brigantesco di un aereo per fuggire all'estero e tradire la patria », senza poi avere dato attuazione al progetto stesso. Tutti i condannati, meno uno, sono ebrei. Su "L'Unità" del giorno successivo compare un corsivo in cui si dice che « il fatto che il processo si sia svolto in assenza d'ogni pubblicità, a porte chiuse, non corrisponde a quei criteri di garanzia personale degli imputati che ci appaiono inalienabili. Ancor meno concepibile è che si sia giunti a pronunciare due condanne alle pena capitale [...], nel caso specifico tale condanna riguarda un reato non portato a compimento: il che suona giuridicamente assai grave ». Inoltre, pur deplorando che esistano « fatti e sintomi i quali dimostrano che nell'U.R.S.S. e in altri paesi socialisti sussistono problemi relativi a cittadini di tale origine o religione [ebraica], problemi non ancora risolti », il corsivo continua dicendo che « nessuno, allo stato degli atti, ha ragione di pensare che sull'impostazione e sull'esito del processo abbiano influito l'origine o la religione di alcuni [?] degli imputati ».

Non è questa, però, l'opinione di Terracini: in una lettera che risale agli stessi giorni, l'esponente comunista scrive che « i governanti sovietici [...] hanno costituito quella minoranza nazionale ebraica in un "test" fra i preferiti delle loro frequenti escursioni nel campo dell'illegalità socialista ». Va però ricordato che le due condanne capitali vennero in seguito commutate in pene detentive.

Debbo ancora aggiungere che, secondo una pubblicazione di oltre dieci anni fa dell'*American Jewish Committee*, circa la metà dei condannati dai tribunali sovietici per reati contro il patrimonio statale, a conclusione di processi resi noti dalla stampa, erano ebrei. Se la statistica è esatta, la conclusione è una sola: la stampa tende a evidenziare processi che si concludono con la condanna di cittadini di origine ebraica.

A partire dalla morte di Stalin, la situazione degli ebrei, dal punto di vista religioso e culturale, è sicuramente migliorata. Ma rimane una triste situazione. Teoricamente, il culto ebraico è autorizzato alle stesse condizioni degli altri culti. In realtà, il trattamento riservato alla religione ebraica è assai peggiore rispetto a quello riservato alla religione ortodossa. Le sinagoghe non possono federarsi né formare (se non in minima misura) nuovi rabbini o stampare libri di preghiera. È proibita la fabbricazione di oggetti cultuali, come *tefillìm* o *talèd*. È stata perfino vietata la confezione, da parte delle panetterie, della *matzà*, il pane azzimo di Pasqua.

Quanto alla cultura ebraica, è significativa la circostanza, se sono bene informato, che le pagine dedicate dall'Enciclopedia Sovietica alla voce "Ebrei" si sono ridotte, dalle cento e più di un tempo, alle due o tre di oggi: come dire che, culturalmente parlando, gli ebrei sono pressoché inesistenti. Ed è effettivamente così, perché teatri, giornali e libri *yiddish* si sono ridotti a ben poco.

Rimangono ancora due circostanze da considerare. La prima è che, mentre gli ebrei possono continuare a svolgere, con buone prospettive di carriera – anzi, nel campo scientifico, in quello artistico, nella medicina, e in altri settori ancora, la presenza ebraica è molto elevata, quasi come negli Stati

Uniti, essi stanno invece scomparendo dalla vita politica e dalle amministrazioni statali: se non mi sbaglio, l'unico nome ebraico di fama rimasto alla ribalta fino a qualche tempo fa era quello del defunto Ilia Ehremburg.

La seconda è l'esodo continuo e consistente di ebrei dall'Unione Sovietica: in gran parte si dirigono verso Israele. Molti cercano poi di ritornare verso l'Unione Sovietica, ma i più se ne allontanano definitivamente. Come mai? Si potrà dire che sono tutti sionisti, filoisraeliani. È vero, ma la domanda rimane e si precisa: come mai molti ebrei russi sono così sionisti, così filoisraeliani da abbandonare la loro patria? Parliamoci chiaro, nella loro maggioranza, gli ebrei italiani, francesi, americani, ecc. sono sionisti e filoisraeliani: manifestano in diversi modi la loro solidarietà verso Israele, ma, salvo modeste minoranze, non se la sentono di trasferirvisi. Come mai, dunque, gli ebrei russi continuano a partire? L'unica spiegazione possibile ce la dà ancora una volta Terracini, nella citata intervista: è vivo, fra gli ebrei sovietici, il senso della perdita progressiva della loro identità.

Non c'è motivo di sopravvalutare i fatti incresciosi di cui ho parlato, ma nemmeno sarebbe giustificato sottovalutarli. Bisogna prendere atto che – nonostante qualche ricorrente dichiarazione ufficiale di condanna dell'antisemitismo (ne ricordo una di Kossighin, nel 1965, a Riga) – l'Unione Sovietica è afflitta da una sorta di antisemitismo strisciante: un antisemitismo assai lontano da quello zarista, ma pur sempre biasimevole. Secondo ogni verosimiglianza, la ragione contingente del penoso fenomeno sta nel conflitto del Medio Oriente e nella posizione che l'U.R.S.S. vi ha assunto: per meglio dire, si tratta di una degenerazione dell'antisionismo in antisemitismo. Ma la ragione remota, cioè quella più importante, sta nel persistere di arcaici sentimenti antisemiti in larghi strati della popolazione: gravosa eredità prerivoluzionaria che non fu debellata a fondo, come si sarebbe dovuto, e che ora produce i suoi frutti velenosi.

È doloroso dover rilevare che ciò accade in un grande e moderno paese come l'Unione Sovietica. Altrettanto doloroso è il doversi ricordare che questo paese è la patria di Lenin.

4. *Italia: "Isola della rugiada divina"*

In un giorno imprecisato del 1962, mentre fervono i lavori del Concilio, i Padri Conciliari si vedono recapitare un libro di un non meglio identificato M. Pinay, dal titolo *Complotto contro la Chiesa*, sulla cui fascetta sta scritto: « Rispettosamente raccomandiamo agli illustrissimi Padri Conciliari l'immediata lettura della Prefazione e dell'Indice ». Difficile immaginare le reazioni dei Padri. Si tratta infatti, oltre che delle consuete e stolide calunnie antisemite, di una accusa veramente inaudita: gli ebrei mirano a impadronirsi della Chiesa Cattolica, anzi, vi si sono già profondamente infiltrati. Accusa confermata poco dopo in un opuscolo senza data e senza indicazione dell'autore, significativamente intitolato *L'azione giudaico-massonica nel Concilio. Testo riservato esclusivamente ai Reverendissimi Padri Conciliari*: il cardinale Bea (incaricato da Giovanni XXIII di redigere la Relazione precedentemente ricordata) è definito « un ebreo convertito »; pure ebrei, anzi « cripto-giudei », vengono chiamati i suoi più vicini collaboratori, i Monsignori Österreicher e Baum; e così pure diversi altri prelati. Non si arriva a definire « ebreo » il Papa, ma ci manca poco.

Il grottesco episodio può sembrare immeritevole di essere ricordato. E invece è piuttosto significativo.

Nei primi quindici anni circa dopo la fine della guerra l'antisemitismo tace, o quasi. Gli antisemiti non sono scomparsi, ma non osano parlare: verosimilmente, l'ancora recente genocidio nazista impedisce loro di esprimersi. Non manca chi ha la sfrontatezza di mettere in dubbio che quanto è successo sia veramente successo. Non mancano, qua e là, sporadiche manifestazioni antisemite. Non manca nemmeno qualche episodio clamoroso, veramente all'italiana: come questo, per esempio. Nel 1955 tale Umberto Greco pubblica, con lo pseudonimo di Vermijon, un libro dal titolo *Triangolo tragico. Ebraismo, massoneria, comunismo*, il cui scopo dichiarato consiste nel « dimostrare che la massoneria, il comunismo e la stampa sono i mezzi dei quali si avvale il Giudaismo per instaurare la repubblica universale e per scristianizzare il mondo » e nel quale si chiede apertamente il rinnovo delle leggi razziali. Sembra incredibile, invece è niente rispetto a ciò che avviene in seguito. Succede infatti, in questa nostra Repubblica fondata sulla Resistenza, che il 9 agosto 1957 il libro viene premiato dalla Presidenza del Consiglio dei Ministri; che molto più tardi, e precisamente il 12 novembre 1970, due deputati ebrei, Levi e Nahoum, venuti a conoscenza dell'accaduto, rivolgono un'interrogazione al Presidente del Consiglio dei Ministri; che quest'ultimo, dopo un bel po' di tempo, si dichiara « non in grado di fornire la copia del verbale relativo all'assegnazione del premio ».

« *Tanto si fa per ridere, per ridere, per ridere...* », diceva una canzonetta in voga diversi anni fa.

Non mancano, ripeto, manifestazioni anche clamorose nei primi tre lustri dopo il 1945, ma gli antisemiti rimangono piuttosto tranquilli, relativamente parlando. Le cose cambiano sensibilmente all'inizio degli anni '60: Papa Giovanni XXIII ha deciso di farla finita con l'accusa di deicidio, ha quindi dato incarico al cardinale Bea di preparare la necessaria relazione ed il Concilio sembra bene orientato, nella sua grande maggioranza. È quanto basta per determinare un nuovo e particolarmente ripugnante (sebbene relativamente modesto e fin qui incruento) rigurgito antisemita. Si ripete, in un certo senso, la vicenda intervenuta verso la metà dell'Ottocento in molte nazioni europee: allo stesso modo in cui l'emancipazione degli ebrei aveva allora determinato (come forse il lettore ricorda) forti movimenti antisemiti, così oggi è la determinazione della Chiesa di liquidare l'antica maledizione a risvegliare sentimenti che parevano sopiti per sempre. Ecco il contesto storico in cui si collocano ed in cui divengono significative opere antisemite come quelle che ho prima menzionato.

Quale sia la consistenza di questa ondata è spiegato bene in un recente volume del Di Nola: *L'antisemitismo in Italia – 1962-1972*, dal quale ricavo molte delle notizie che sto raccontando al lettore. Ci troviamo anzitutto di fronte a una vasta pubblicistica: libri, libelli, opuscoli, articoli, ecc. Le caratteristiche fondamentali di questi scritti sono due: crassa ignoranza e incredibile sfrontatezza: c'è chi arriva a negare esplicitamente, o a minimizzare, i massacri nazisti, c'è chi arriva a giustificarli (proprio il Pinay scrive che il popolo tedesco è uno degli « strumenti di cui la Divina Provvidenza si è servita per punire i peccati e i delitti del popolo ebraico »). Da notare che molto spesso si tratta di riedizioni di opere di vecchi autori antisemiti: Drumont, Rassinier, Ford, Céline, Drieu La Rochelle, Hitler, Evola ecc. Sono stati ripubblicati persino i famigerati e screditatissimi *Protocolli dei Savi anziani di Sion*, da ultimo a Lucera, nel 1972, con successivo invio a vescovi e preti di tutta Italia.

C'è poi una quantità di atti odiosi: svastiche ed altri sinistri simboli dipinti sui muri di sinagoghe, scuole, cimiteri e negozi ebraici; profanazioni di cimiteri (nella notte del 4 marzo 1972 vengono divelte e spezzate cinquanta tombe nel cimitero ebraico di Asti e nella notte del 4 agosto 1973 tre bombe incendiarie vengono scagliate contro quello di Verona); lettere minatorie e aggressioni fisiche a esponenti di comunità ebraiche; rifiuto di affittare case ad enti ebraici; ecc.

Rimane da dire qualcosa sulle matrici dell'odierno rigurgito antisemita, di cui il grosso pubblico non si accorge per la semplice ragione che non s'interessa a problemi del genere (né la stampa lo aiuta con adeguate informazioni).

Nella sua stragrande maggioranza, gerarchie e fedeli, la Chiesa si va adeguando di buon grado alla Dichiarazione *Nostra aetate* ed ai successivi « Orientamenti e suggerimenti ecc. », che ho pure ricordato: l'ebreo non deve più considerarsi un deicida, bensì un fratello da amare e proteggere: queste parole stanno ferme, senza riserve mentali, negli animi dell'enorme maggioranza dei cattolici, che del resto erano già da molto tempo immuni da tentazioni antisemite. Si è anche portato avanti un discreto lavoro: sono state progressivamente eliminate alcune manifestazioni di culto, dall'indubbio significato antiebraico, che qua e là sopravvivevano, e si sta assistendo, per la prima volta da molti secoli a questa parte, a interessanti esperimenti di collaborazione fra religiosi cattolici e ebrei a certi livelli di alta cultura, soprattutto nel campo delle ricerche bibliche: cito ad esempio il fascicolo 8/1974 di "*Concilium* – rivista internazionale di teologia", con una splendida introduzione del noto teologo tedesco Hans Küng.

Certo, sarebbero state auspicabili una più sollecita e precisa presa di coscienza dell'importantissimo documento conciliare e una sua maggiore divulgazione; e non si può sottacere che non mancano isole di ostinata resistenza, anche a livello delle gerarchie ecclesiastiche. Ma se si tiene presente che a monte della Dichiarazione *Nostra aetate* stanno quasi due millenni di pervicace antisemitismo, bisogna riconoscere, a me sembra, che il passo compiuto sia già notevole.

Un ulteriore motivo di soddisfazione nasce dal vedere che l'ala marciante del movimento volto a distruggere ogni superstite incrostazione antiebraica è oggi costituita da "Civiltà cattolica", la rivista dei Gesuiti: quella stessa che agli inizi del secolo (se il lettore ricorda) era su posizioni diametralmente opposte. E fra i Gesuiti si distingue Padre G. Caprile, cui si debbono queste belle parole: « Anche da noi le premesse sono state poste, le disposizioni impartite, ma occorre essere perseveranti nel richiamarle, nel farle conoscere, nell'esigerne l'applicazione, nello scuotere quella specie di antisemitismo passivo, retaggio di vecchie abitudini mentali. Sarebbe utile e certo non fuori posto vigilare attivamente sulla predicazione, dove purtroppo non mancano casi di intemperanze verbali e di chiusure mentali, inammissibili dopo il Concilio [...]. C'è da augurarsi che, grazie ad un intelligente, capillare e vivace lavoro di penetrazione, senza stancarsi di fronte a certi muri d'incomprensione e di passività, le idee caldeggiate dal Concilio si facciano largamente strada e soprattutto divengano costume e norma di azione ».

In realtà, la fonte di gran lunga più importante dell'odierno antisemitismo è fascista. Ed i fascisti antisemiti si possono dividere in tre gruppi.

Tanto per cominciare, esistono antisemiti di marca clerico-fascista, come i già ricordati Pinay e Greco e come un certo don Luigi Villa, direttore del periodico "Chiesa viva", che si pubblica a Brescia e su cui è comparsa, nel settembre del 1974, una rivoltante vignetta antisemita. Ma qui dissento, sul piano terminologico, dal Di Nola, che definisce costoro « cattolici di destra »: è questione d'intendersi sul significato delle parole, naturalmente, ma per me è un cattolico di destra, ad esempio, l'on. Scelba, cioè un uomo che proprio non mi sentirei di confondere con i clerico-fascisti (che io identifico, in sostanza, con i franchisti). Per quanto a noi particolarmente interessa, si deve osservare che a questo gruppo va fatta risalire una parte notevole delle attuali pubblicazioni antisemite: i clerico-fascisti scrivono e pubblicano, dispongono di discreti mezzi finanziari, ma in compenso agiscono relativamente poco.

Ci sono poi i nazi-fascisti, ovverossia i neonazisti: si tratta di movimenti come Ordine Nero, Avanguardia Nazionale, Squadre d'azione Mussolini, e simili. Anche costoro producono pubblicazioni antisemite a tutt'andare (si pensi a Franco Freda) ma, diversamente dai clerico-fascisti, sentono anche un incoercibile bisogno di agire, se si può chiamare « agire » il dipingere svastiche, il profanare cimiteri ebraici, il lanciare manifestini, il preparare e diffondere liste di ebrei – con cognome, indirizzo e telefono – da « boicottare ».

Rimane (non sempre distinguibile dal secondo) il terzo gruppo: i fascisti propriamente detti, i fascisti senza aggettivi. Parlo del M.S.I. e dei suoi diversi corollari: giovanili (il F.U.A.N.), femminili, sindacali, ecc. E qui è necessario un chiarimento.

Non c'è dubbio – il Di Nola lo documenta in modo irrefutabile – che diversi esponenti o ex esponenti del M.S.I., tipo Pisanò, Rauti, Ciccio Franco e altri, si sono abbandonati, a voce o per scritto, a spregevoli dichiarazioni antisemite, così come è indubbia la vocazione antisemita del F.U.A.N.

Ma è altrettanto certo che l'antisemitismo è estraneo alla linea ufficiale del M.S.I.; anzi, può sembrare che i missini siano addirittura divenuti filosemiti. In realtà non è affatto così; e non occorre spendere molte parole per rendersene conto. Non bisogna mai dimenticare che alla radice di tutto sta un forsennato anticomunismo. Ne consegue che i missini sono filoamericani, in un certo senso: l'America che il M.S.I. ama, voglio dire, non è l'America di Jefferson, di Lincoln, di F.D. Roosvelt e del New Deal, di Kennedy e della Nuova Frontiera, l'America delle Università, della scienza, del progresso tecnologico e dell'indipendenza del potere giudiziario; bensì l'America delle discriminazioni razziali, del maccartismo, dei torturatori del Vietnam, degli strangolatori della democrazia greca e degli assassini cileni. Infine, essendo in tal modo filoamericani, i missini sono pure filoisraeliani, in un certo senso: essi vedono in Israele nient'altro che un efficientissimo compagno d'armi degli americani, messo lì per fronteggiare gli arabi, cioè gli amici dell'Unione Sovietica, cioè – e così torniamo al punto di partenza – i comunisti.

Questo è quanto. Per evidenti ragioni di *Realpolitik* i missini sono « filoisraeliani »; e ciò impedisce loro di manifestare, ufficialmente, sentimenti antisemiti. Ma niente dimostra che questi sentimenti non esistano più. Per verificare il mio convincimento, mi sono letto *Autobiografia di un 'fucilatore'* di Giorgio Almirante. Speravo, ingenuamente devo dire, di trovarvi qualcosa che servisse a migliorare la mia immagine di questo antico antisemita, ma invano. Almirante dice di avere nascosto, mentre militava nella R.S.I., un suo amico ebreo: mi fa piacere per l'amico ebreo, ma è chiaro che l'episodio non dice niente a proposito dei sentimenti di Almirante verso gli ebrei in genere. Un ex gerarca nazista disse a Norimberga (e fornì le prove) di avere protetto diversi ebrei; eppure costui fu uno dei più tremendi antisemiti di tutti i tempi. Almirante racconta inoltre di avere contribuito ad insabbiare un progetto di legge contro gli ebrei redatto da Preziosi (altro personaggio repubblichino e antisemita irriducibile): gli credo senz'altro, ma debbo aggiungere che nemmeno tale episodio è significativo. La legge in questione avrebbe bensì peggiorato, in astratto, la posizione giuridica degli ebrei, ma non avrebbe avuto alcuna influenza, in concreto, sulla loro situazione reale: situazione consistente nell'essere ricercati, deportati e massacrati dai tedeschi, cioè da coloro che – di fatto – erano i padroni. Tutto qui. Giorgio Almirante, quest'uomo che fu tra coloro i quali, dalle colonne del giornale "Il Tevere" e della rivista "La difesa della razza", scatenarono la grande campagna antisemita del 1938; quest'uomo che, aderendo con entusiasmo alla R.S.I. e collaborando da vicino con Mussolini, rimase fino all'ultimo dalla parte degli assassini degli ebrei: ebbene, dopo tanti anni, scrivendo le sue memorie, quest'uomo non è stato capace non dico di versare una lacrima, ma nemmeno di esprimere una flebile parola di rincrescimento.

Questo è quanto, ripeto: non c'è antisemitismo nella linea ufficiale del M.S.I., ma niente fa pensare che l'antisemitismo sia scomparso nei « camerati ». Direi che diverse cose fanno pensare il contrario: il persistente silenzio sul genocidio nazista, o i miserandi tentativi di minimizzarlo, il permanere di pseudo-ideologie « spiritualiste », « arianizzanti » e razziste; i più che evidenti legami con gruppi eversivi di indubbia intonazione antisemita.

Quanto ai partiti dell'arco costituzionale, direi che si può stare tranquilli: è assente, nel modo più assoluto, qualsiasi manifestazione antisemita, anzi, non mancano orientamenti decisamente filosemiti (gli ebrei sono presenti in diversi partiti). Il che non mi impedisce di fare due osservazioni.

La prima riguarda l'orientamento filoisraeliano di alcuni partiti, in particolare dei liberali, dei repubblicani, dei socialdemocratici e di una grossa parte della DC, atteggiamento di cui non avrei ragione di occuparmi, se coloro i quali si schierano dalla parte di Israele non confondessero spesso tra antisemitismo ed antisionismo, e non dessero quindi a vedere di considerare nemici degli ebrei (o quasi) gli avversari di Israele. Il che è frutto di ignoranza o di malafede. Ripeto ancora che si può essere antisionisti, oppure si può non essere filosionisti o filoisraeliani, senza essere antisemiti: io, per esempio, pur non nutrendo alcuna particolare simpatia per gli arabi, non sono né filosionista né filoisraeliano, eppure non credo proprio (ma giudichi il lettore) di essere un antisemita. Ripeto ancora che antisionismo ed antisemitismo sono due cose assai diverse (non senza nascondermi che il primo può degenerare nel secondo o, peggio ancora, può costituirne un ipocrita, ignobile mascheramento): una cosa è l'essere persuasi (non importa se a ragione o no) che Israele ha i suoi torti e che per fare ritornare la pace nel Medio Oriente è necessario, fra l'altro, che i territori occupati da Israele dopo il 1967 vengano restituiti agli arabi; ed un'altra, ben diversa, è l'avversione per gli ebrei. Dico di più. Chi ha sentimenti di amicizia per gli ebrei difficilmente può non sentirsi preoccupato a causa della politica israeliana: non può non temere che ne possano derivare nuovi rigurgiti antisemiti. Di converso, chi sostiene ad oltranza tale politica, gettando tutti i torti dalla parte degli arabi; chi pone sullo stesso piano, esagerando a dismisura, Hitler e gli arabi; chi tende a trasformare il genocidio perpetrato dai nazisti in una sorta di permanente giustificazione di tutto ciò che fa Israele; ebbene, costui non sempre è un amico degli ebrei: talvolta è semplicemente uno che strumentalizza le loro sofferenze verso scopi che coincideranno magari con gli interessi degli Stati Uniti, e forse anche d'Israele, ma che con la tutela delle comunità ebraiche nel resto del mondo non hanno, a mio avviso, proprio niente a che vedere.

La seconda osservazione riguarda i comunisti. Tutte le volte in cui sono stati accusati di antisemitismo i comunisti hanno reagito con asprezza: il che è comprensibile ed è giustificato. Comprensibile perché si fa fatica ad immaginare un'accusa peggiore per un movimento marxista. Giustificato perché una accusa del genere è obiettivamente infondata: leggo spesso "L'Unità" e non mi sono mai imbattuto in affermazioni antisemite (non si può dimenticare, d'altra parte, che anche nel PCI militano diversi ebrei). Debbo altresì riconoscere che la posizione dei comunisti rispetto al conflitto arabo-israeliano è piuttosto scomoda, è una posizione di frontiera: essi non possono non essere antisionisti, sia per coerenza con l'insegnamento leninista sia per naturale solidarietà con l'Unione Sovietica; ma non sono affatto antisemiti, sempre in coerenza con l'insegnamento di Lenin e sebbene l'antisemitismo sia tutt'altro che assente, come si diceva, nell'Unione Sovietica.

Ma, appunto perché la loro è una posizione di frontiera, ritengo doveroso per i comunisti esprimersi con maggiore chiarezza. Giustamente afferma il Di Nola che « quando il lettore della stampa comunista apprende dal suo giornale che aerei "con la stella di David" hanno bombardato villaggi palestinesi, ben difficilmente fa una distinzione tra l'emblema dello Stato d'Israele e la stella a sei punte che ha visto scolpita in bassorilievo sulle facciate dei templi ebraici ». Occorre, in sostanza, che la distinzione fra governo israeliano e popolo israeliano, fra israeliani ed ebrei, fra antisionismo ed antisemitismo, sia spiegata molto meglio di quanto si sia fatto finora. Non bisogna stancarsi di ribadire che l'antisemitismo è un tragico relitto medioevale e, al tempo stesso, una possibile perniciosa degenerazione dell'antisionismo. Non bisogna dimenticare che questa degenerazione si è verificata e continua a verificarsi nell'Unione Sovietica. Occorre infine che a spiegare tutte queste cose non sia solo Terracini: l'anziano, intemerato, valentissimo, ma purtroppo solitario Terracini.

Volendo ora dare un giudizio d'insieme, a me sembra di poter dire che la situazione è seria, tale da dover essere seguita con molta attenzione e con qualche preoccupazione; non però allarmante. Non mancano odiosi rigurgiti antisemiti, in settori ben determinati, così come non mancano, da più parti, pericolose ambiguità (in particolare, la predicazione antisionista di certi settori dell'ultra sinistra rischia di far sorgere, appunto sotto l'etichetta antisionista, un nuovo e disgustoso antisemitismo popolare). Ma il rilievo più importante e più rasserenante da fare, a mio avviso, è che il popolo italiano, nella sua stragrande maggioranza, è molto lontano dal nutrire sentimenti ostili contro gli ebrei: non solo perché l'antica maledizione è ora scomparsa, ma anche e soprattutto perché la benevolenza verso di loro ha in Italia profonde e solide radici. Mi limito, di necessità, a qualche brevissima citazione.

Giulio Cesare. Il lettore forse stupirà a sentire questo nome; ma « il primo e veramente unico imperatore », come lo definì Momsen, fu probabilmente anche il più grande e generoso amico che gli ebrei abbiano avuto nel corso della loro lunghissima storia. Lo piansero a lungo gli ebrei contemporanei, che per molte notti di seguito, racconta Svetonio, si portárono accanto al rogo per onorarne la memoria; lo ricordarono con rimpianto, per secoli, gli ebrei che vissero più tardi.

Livorno. Un nome che agli italiani non livornesi dice poco, in verità, ma dice molto al cuore degli ebrei italiani, e non solo italiani. Nei secoli più scuri della Controriforma Livorno fu infatti, grazie al volere dei Granduchi di Toscana e all'indole dei livornesi, una vera oasi di pace per moltitudini ebraiche provenienti da diverse e anche lontane contrade: non v'era ghetto, a Livorno, né l'abominio del segno, né discriminazione alcuna; v'era invece la più ampia libertà civile e religiosa. Fu così che vi si andò addensando, fin dal XVI secolo, una fra le più numerose, attive e prospere comunità ebraiche d'Europa; e fu in buona parte merito di questi suoi ebrei se Livorno divenne, nel '700, un importantissimo scalo marittimo (il declino cominciò con il blocco navale inglese contro Napoleone).

Carlo Cattaneo. Anche questo nome può sorprendere, ma fu proprio Cattaneo a scrivere una delle opere più vigorose in difesa degli ebrei ed a favore del loro riscatto. Si tratta di un breve saggio, pubblicato nel 1836, dal titolo *Ricerche econo-*

miche sulle interdizioni imposte dalla legge civile agli israeliti, che trae spunto da un episodio avvenuto nel Cantone svizzero di Basilea: due ebrei francesi vi avevano acquistato dei terreni e l'atto di acquisto era stato annullato dal consiglio cantonale, in forza di una vecchia norma che sanciva appunto la « interdizione », cioè il divieto per gli ebrei di acquistare immobili. In non molte pagine lo scrittore milanese distrugge inesorabilmente il mito dell'« eterno ebreo »; dimostra che le caratteristiche morali e intellettuali degli ebrei sono il frutto delle condizioni in cui essi furono lungamente costretti a vivere; rivela il substrato socio-economico delle discriminazioni; spiega che l'emancipazione ebraica, oltre che un dovere morale e giuridico, è una condizione essenziale allo sviluppo della società. Quando scrive tutto ciò, Cattaneo anticipa di molti anni i risultati cui perverrà in seguito la storiografia più avanzata, segnatamente la storiografia marxista: quei risultati che io stesso, schematizzando molto, ho cercato di spiegare. Quando, ad esempio, scrive che la tradizionale solidarietà degli ebrei è la precisa conseguenza del fatto che essi furono sempre « strettamente collegati fra loro nella comune degradazione », Cattaneo dà ancora una volta la misura della sua straordinaria lucidità.

Ma se il nome di Carlo Cattaneo va certamente ricordato per primo, non possiamo dimenticarci di altri scrittori italiani, molti dei quali artefici del nostro Risorgimento, che pure scrissero e operarono in difesa degli ebrei. Di Massimo D'Azeglio, anzitutto, forse inferiore a Cattaneo per ingegno, non certo per generosità, il cui opuscolo *Sulla emancipazione civile degli israeliti* ottenne grandissimo successo; di Vincenzo Gioberti, con il suo *Primato morale e civile degli italiani*, diverse pagine del quale riguardano il problema del riscatto degli ebrei italiani; di Ugo Foscolo, di Nicolò Tommaseo, di Cesare Balbo e di altri ancora.

D'altra parte, mentre più di un grande scrittore straniero non fu immune dalla macchia dell'antisemitismo, ciò non si verificò praticamente mai in Italia. In Francia, ad esempio, fu aspramente antisemita Voltaire, in Germania lo fu il filosofo Fichte ed altresì il grandissimo e mitissimo Emanuele Kant. Non così in Italia: si cercherebbe invano, tra noi, uno scrittore degno di questo nome ed avverso agli ebrei.

Ma quando si parla della tradizionale benevolenza italiana

verso gli ebrei sarebbe sommamente ingiusto limitare il ricordo ai nostri scrittori, dimenticando il popolo italiano. Le cronache sulla fine dei ghetti verso gli ultimi anni del '700 e nel secolo scorso sono unanimi nel sottolineare lo slancio commovente con cui i popolani corsero ad abbracciare coloro che dai ghetti stavano uscendo, esultanti gli uni e gli altri per il crollo di odiose tirannidi. E le cronache degli anni 1938-1945 sono ricolme di atti di generosità del popolo italiano verso gli ebrei: uomini che a rischio della vita nascondono altri uomini nelle loro case; porte di conventi che si aprono a coloro che la Chiesa non ha ancora cessato di considerare deicidi, ma che la stessa Chiesa è ora incline a proteggere, non senza il sacrificio di qualche suo pastore; famiglie ebraiche che riescono a raggiungere la frontiera svizzera per passi impervi, sfidando i rigori dei due ultimi inverni di guerra, condottevi da umili valligiani.

I-tal-jàh: in ebraico significa « isola della rugiada divina »; e si racconta che gli ebrei italiani, in tempi remoti, ritenessero di poter cogliere un fausto presagio proprio nel nome del paese dove abitavano.

Non si può certo dire che la loro esistenza sia sempre stata irrorata da quella rugiada ristoratrice che Isacco invocò, come attestazione di benevolenza divina, sulle terre riarse di suo figlio Giacobbe. Ma si può dire, ha osservato un insigne storico ebreo, che « questa vetusta pianta ebraica, che prese ad allignare in Italia ventun secoli fa, da allora vi ha dato germogli costanti, un anno appresso l'altro, senza una sola interruzione. Spezzata qualche volta nei rami principali, qualche altra colpita fin sotto le radici, essa è riuscita sempre a riprendersi. I sani succhi della terra nel profondo, e nell'alto la placidità dell'atmosfera – la natura e la gente d'Italia – hanno valso ogni volta a rimarginare le lacerazioni prodotte dalle violente bufere politiche o dalla inclemenza degli individui ». E di ciò gli ebrei italiani sono ben consapevoli.

Ma essi sono pure consapevoli, serenamente, di aver dato molto all'Italia, più di quanto non abbiano ricevuto. Occorre che lo siamo anche noi. Ed avendo io già ricordato diversi ebrei italiani che si distinsero nelle arti e nelle scienze, debbo ora menzionare alcuni ebrei che furono protagonisti delle vicende politiche del nostro paese, a partire dall'età del Risorgimento.

Notevole (specie se si tiene conto del loro numero esiguo) fu infatti il contributo degli ebrei italiani al Risorgimento. Mi limito a qualche nome: Daniele Manin, insigne studioso e uomo politico, artefice della resistenza a Venezia nel '48; Giuseppe Revere, vivace poeta e giornalista, combattente sulle barricate di Milano e sulla laguna veneta; Giuseppe Finzi, eminente mazziniano, anch'egli combattente sulle barricate di Milano, e per questo condannato dall'Austria a diciotto anni di fortezza; il medico triestino Giacomo Venezian e il giovanissimo Ciro Finzi, caduti entrambi nella difesa della Repubblica romana; Isacco Artom, validissimo e intimo collaboratore di Cavour; Angelo Usiglio, che lo fu dapprima di Ciro Menotti, più tardi di Mazzini.

Numerosi anche gli ebrei che si distinsero nei primi cinquant'anni dell'Unità d'Italia. Fra essi primeggia la figura di Luigi Luzzatti, più volte Ministro, Presidente del Consiglio nel 1910-1911: lo si deve ricordare soprattutto a causa del suo vivo interessamento per le classi più povere, che difese promuovendo la prima legge antinfortunistica, contribuendo alla fondazione di cooperative e di banche popolari, combattendo ed anzi debellando la pellagra, predicando la lotta contro l'alcolismo. Accanto a lui ricordo Sidney Sonnino, fautore del suffragio universale e delle riforme fiscali, Presidente del Consiglio per due volte, fra il 1906 ed il 1910, più tardi Ministro degli Esteri nel Gabinetto Salandra; ed Ernesto Nathan, sindaco di Roma dal 1909 al 1913: probabilmente il miglior amministratore che la capitale abbia mai avuto. È probabilmente anche il più anziano tenente mai visto nell'esercito italiano: fu infatti con questo grado che Nathan si arruolò volontario nel 1915, a settant'anni suonati, e combatté al Col di Lana.

L'esposizione non sarebbe onesta se si sottacesse l'appoggio dato dagli ebrei italiani al fascismo, che fu piuttosto consistente: alcuni ricchi ebrei finanziarono agli inizi il movimento fascista, circa duecento ebrei parteciparono alla marcia su Roma, l'ebreo Aldo Finzi fu sottosegretario agli Interni nel 1923, altri ancora ebbero cariche importanti. Il che non può stupire quando si pensa che, nella loro grandissima maggioranza, gli ebrei italiani erano di estrazione borghese e che il fascismo era per l'appunto un movimento borghese.

Nemmeno può essere dimenticato, però, che non pochi ebrei furono decisamente antifascisti fin dall'inizio, come Claudio Treves, come G. Emanuele Modigliani, e come i fratelli Rosselli: Carlo, scrittore di economia e di politica, fondatore del movimento « Giustizia e Libertà », e Nello, storico di notevolissimo valore, entrambi fatti trucidare a Parigi dai fascisti nel 1937. Altri aderirono in un primo tempo al fascismo, per staccarsene quasi subito e divenire ferventi antifascisti.

Comunque, i buoni rapporti tra fascismo ed ebrei furono di breve durata: risalgono infatti ai primi mesi del 1934 le avvisaglie della campagna contro gli ebrei che poi si protrae, accentuandosi, negli anni immediatamente successivi; nel 1938 comincia la tragedia; negli anni 1943-1945 è la catastrofe. Catastrofe che molti hanno già raccontato e che è nella mente di tutti; basti rammentare qualche cifra e qualche nome. Su circa 50.000 ebrei italiani, oltre 10.000 furono i trucidati, oltre 5.000 coloro che fuggirono per sempre dall'Italia. Ma gli altri però non restarono inerti: oltre 1.000, dai giovanissimi ai vecchi, furono infatti gli ebrei che lottarono nella Resistenza. Sette le medaglie d'oro, due delle quali voglio ricordare: Eugenio Curiel, giovane docente universitario di elevato ingegno, fondatore di quel « Fronte della gioventù » che condusse un'efficace azione contro i nazifascisti, assassinato a Milano; Eugenio Colorni, filosofo, fondatore di un movimento federalista europeo, assassinato a Roma, dove dirigeva gruppi partigiani.

Ma a questo punto, nel momento in cui debbo accomiatarmi dal lettore, il mio pensiero non va ai Manin, ai Luzzatti, ai Rosselli, ai Curiel: grandi uomini, le cui opere sono raccontate da tanti libri e vivranno a lungo nella memoria dei posteri. Il mio pensiero va piuttosto agli innumerevoli ebrei che non saranno ricordati, come singoli, se non da lapidi che già il tempo consuma. Va al bambino ebreo, alle prese con i suoi giocattoli, oppure al vecchio ebreo, senz'altri pensieri che la famiglia e la sinagoga. Va a tutte quelle umili creature che chiedevano soltanto di vivere, ma vennero ferocemente strappate alla vita.

Penso dunque alle moltitudini ebraiche, d'Italia e d'Europa, che alcuni lustri or sono furono vittime di una delirante barbarie: immensa folla di spettri, che non cessano di pesare sulle nostre coscienze. Ed alla memoria di questi martiri ignoti, nella speranza che il martirio non sia stato vano, dedico il mio libro.

Appendice

Dodici anni di incertezze

1977-1989

Il Venerdì Santo di quest'anno mi sono recato nella chiesa di Santa Maria del Suffragio, a Milano, per partecipare alla funzione. Non sono praticante, e nemmeno credente, ma da un po' di anni in qua cerco di non perderla, anche se non saprei dire perché. Sarà perché la ritengo di importanza superiore per tutta la Cristianità; oppure perché la celebrazione mi sembra particolarmente bella, suggestiva; ovvero per un oscuro, remoto richiamo della mia infanzia; o ancora per la più semplice ragione che, invecchiando, ho preso quest'abitudine.

A un certo punto il sacerdote ha dato lettura, seguìto ad alta voce dai fedeli, della Preghiera: il testo era sui banchi. Una parte era destinata agli ebrei: poche e nobili parole. Come sembrano lontani, mi sono ripetuto in quegli istanti, i tempi dei *perfidi judaei!* Subito dopo, levati gli occhi dallo stampato, il sacerdote ha detto una «preghiera per i palestinesi»: semplici e belle parole anche stavolta, eppure ho provato fastidio.

Tengo a ripetere che questa seconda preghiera non era stampata, e dunque dovrebbe escludersi una iniziativa della curia. Nasce peraltro il problema se si trattasse di un'iniziativa del solo celebrante, o no; e, nel caso negativo, se quanti altri celebranti, in quel giorno, in quell'ora, avessero avuto la stessa idea.

Tengo inoltre a sottolineare che non c'è motivo di non pregare per i palestinesi. Al contrario: sono un popolo oppresso e tanto dovrebbe bastare affinché i cristiani non se ne dimentichino. Chi poi volesse sapere qualcosa di più su questa oppressione legga il libro, bellissimo e sconvolgente, *Il vento giallo,* pubblicato da poco, di David Grossman, uno scrittore israeliano che ha trascorso diverso tempo fra i palestinesi, parlando a lungo con loro, sforzandosi di capirli nel loro intimo, sino a condividerne in larga misura le aspirazioni.

Ciò che mi ha dato fastidio è stato il contrapporre, per così dire, i palestinesi agli ebrei. Se nella Preghiera del Venerdì Santo vi fosse una parte riguardante gli israeliani, non vi sarebbe niente da eccepire; ma siccome questa parte non c'è (né si riesce a immaginare il contrario), si pone la domanda: che cosa c'entrano i palestinesi?

Non si tratta, si badi, di un problema lessicale: chiamare «ebrei» gli israeliani può capitare a tutti, senza implicazioni negative. Succede però che così dicendo si finisce talora per identificare gli uni con gli altri, ovvero per attribuire agli ebrei in genere responsabilità specifiche israeliane, il che è sbagliato, anzi pericoloso.

Così dicendo, si ritorna alle precisazioni contenute nell'*Introduzione* e nella parte iniziale del volumetto, che qui integralmente confermo. Chiamo «ebrei», dicevo e dico, tutti indistintamente gli ebrei, americani, russi, italiani, ecc., mentre riserbo la denominazione di «israeliani» ai cittadini (ebrei, arabi e cristiani) dello Stato di Israele. E inoltre sconsiglio altre due denominazioni, ancora in uso (per quanto in misura calante), «giudei» e «israeliti», perché ritengo la prima ingiuriosa e la seconda piuttosto ipocrita.

D'altra parte, su quanto scrivevo nei primi tre capitoli non ho alcun "aggiornamento" da formulare: le mie idee sono rimaste quelle di allora (soprattutto perché, *medio tempore,* ho pensato poco agli ebrei).

Rimane dunque fermo il mio convincimento che gli ebrei si debbano considerare un prodotto storico dell'antisemitismo; idea, questa, che è stata accolta molto positivamente da alcuni, ma criticata da altri. Qualcuno, e precisamente il compianto professor Arturo Carlo Jemolo, mi ha scritto che in ciò che io dicevo vi era sicuramente del vero, ma che con formule di questo tipo ci si ritrova poi in presenza del problema, piuttosto noto, dell'uovo e della gallina. Il che è esatto, gli feci a mia volta notare, salva l'avvertenza che ciò avviene troppo spesso perché uno se ne debba meravigliare. L'idea, d'altro canto, non è mia: l'ho presa da Sartre, al quale si deve uno dei migliori studi storico-filosofici sull'argomento. «È l'antisemitismo che fa l'ebreo»: una proposizione che mi aveva colpito, tanti anni fa, e che mi pare tutt'oggi sostanzialmente vera. Ma anche Sartre aveva commesso un errore, di omissione: quello di trascurare completamente il peso, secondo me notevolissimo, della religione ebraica sull'identità ebraica. E sull'argomento non posso far altro, per ragioni di spazio, che rinviare il lettore a ciò che ho già scritto.

Vi sono invece diverse cose da aggiornare a proposito di Israele. Nel giugno del 1982 vi fu l'invasione del Libano – chiamata «operazione pace in Galilea» dai governanti israeliani, con lo scopo di eliminare le basi dei guerriglieri palestinesi, soprattutto a Beirut. Una guerra sciagurata, se teniamo conto delle conseguenze, sotto gli occhi di tutti. È questo un giudizio di carattere politico, sempre più condiviso, che prescinde da ogni valutazione di carattere morale, specie con riferimento a gravi episodi, primo fra tutti quello della strage di Sabra e Chatila.

Non sono certo da criticare tutti coloro, politici, scrittori, giornalisti ecc., che in quei mesi censurarono aspramente i governanti di Israele, esprimendo opinioni da me in gran parte condivise. Ma c'è da rimanere trasecolati, costernati, se si pensa all'ondata di antisemitismo che in quei mesi si rovesciò sul nostro Paese (e suppongo anche fuori) nelle forme più svariate: scritte murali, lettere minatorie, articoli di giornali (di quasi tutte le tinte), commenti radio-televisivi, vignette, caricature, ecc. L'ondata si attenuò solo quando, verso la fine di settembre, esplose la bomba nella sinagoga di Roma e morì il bambino Stefano Tachè. Si direbbe che gli autori di scritti e disegni si siano resi conto dell'inconsistenza e, al tempo stesso, della pericolosità del loro operato. Temo che non sia così, anche perché gran parte di quegli autori non erano, propriamente, degli stolidi.

Il tristo fenomeno fu oggetto di attenti studi, i cui risultati sostanzialmente approvo. Alla base c'era una sorta di doppia equazione: Israele = sionismo = ebrei, e siccome Israele = nazismo, così ebrei = nazismo. Niente di più dissennato, secondo me. Ma non c'era solo questo: c'era anche, al di sotto, cioè all'interno delle coscienze, un tentativo di autoliberazione dalla colpa collettiva del genocidio. Come scrisse giustamente Alfonso Di Nola, «i giornalisti e tutti coloro che hanno ripetuto il segnale nelle scritte murali sono le vittime di un rifiuto della coscienza storica (l'essere appartenuti a una generazione che ha assistito all'Olocausto) e avvertono la memoria dei fatti come disturbante. Il giungere finalmente, attraverso una nuova seriazione illogica, a tale identificazione, significa riscattarsi dalla colpa e chiudere il capitolo della vergogna».

Questo è il punto, ed è proprio qui che punto i piedi. Appartengo alla generazione che assistette all'Olocausto e ritengo che esso debba restare sempre presente nella nostra coscienza: soprattutto come esempio del male che uomini possono fare ad altri uomini. Certo è passato, sembra anzi lontanissimo il tempo di talune esasperazioni verbali, come quando Primo Levi scrisse: «Vi è stato Auschwitz: dunque Dio non esiste», o come quando, all'opposto, un rabbino di Varsavia, un istante prima che l'edificio in fiamme gli crollasse addosso, si affacciò alla finestra, le braccia levate al cielo, urlando: «Mi hai messo alla prova, ma l'ho superata: Tu esisti!». Ne siamo lontani, certamente (anche se queste esasperazioni costituiscono in un certo senso l'immagine speculare della nostra vergogna), ma ciò giustifica solo un giudizio più distaccato: non l'oblio.

La febbre polemica calò, dicevo, nei mesi successivi, ma si ebbero ancora episodi strani, che dimostrano quanto le menti fossero distorte, anche ad alto livello. Nel suo messaggio di fine anno il presidente della Repubblica Sandro Pertini pronunciò parole di fuoco contro il generale Sharon, responsabile, almeno indirettamente, della strage di Sabra e Chatila; e su questo non ho nulla da eccepire. Ma il fatto è che durante lo stesso messaggio Pertini si pronunciò in termini benevoli verso re Hussein: «È un mio amico». In quel momento aveva rimosso il ricordo che Hussein, nel «settembre nero» di dieci anni prima, aveva massacrato a freddo, sollevando proteste relativamente contenute nel mondo, un numero di rifugiati palestinesi almeno dieci volte superiore.

Ebbe poi luogo, qualche anno dopo, l'episodio della Achille Lauro, che vale la pena di ricordare perché si riallaccia a un argomento esaminato nel libro, e precisamente alla distinzione fra antisemitismo e antisionismo.

L'antisemitismo, si diceva, è odio, quanto meno avversione contro gli ebrei: un sentimento che ho sempre combattuto e combatto. Invece l'antisionismo è l'opposizione al sionismo, cioè a un movimento che ha portato alla creazione dello Stato di Israele. Un movimento che appartiene esclusivamente alla storia del pensiero ebraico, laddove l'antisionismo appartiene alla storia del pensiero politico in genere: vi furono bensì, in passato, fra gli stessi ebrei, specie fra gli ebrei socialisti, numerosi antisionisti ma il pensiero antisionista fu elaborato e portato avanti soprattutto da pensatori e uomini politici non ebrei, nonché da partiti e governi non ebraici. Per quanto personalmente mi riguarda, ripeto quello che ho scritto: non sono né filosionista né antisionista, sono soltanto uno che cerca di capire le cose e, se gli riesce, di spiegarle.

Detto questo, si pone una questione: è possibile, oggi, essere antisionisti senza essere antisemiti? In passato certamente sì. Basti ricordare Lenin, che fu sempre antisionista, ma non fu mai antisemita anzi si oppose a ogni forma di antisemitismo. Ma oggi? Si può oggi, in pratica, essere antisionista senza essere antisemita?

Dicono di sì, risolutamente, gli esponenti e i militanti dell'O.L.P. e di vari altri movimenti per la liberazione della Palestina e lo ripetono numerosi politici e giornalisti italiani, specialmente di sinistra. Ma è una bugia, che non regge alla prova dei fatti: non si può contestare che nei numerosi dirottamenti di navi e aerei, compiuti da «antisionisti», in realtà si attentò alla vita di ebrei, proprio in quanto ebrei.

Ritorniamo al caso dell'Achille Lauro. I sequestratori presero l'ebreo (e paralitico) americano Klinghoffer, lo assassinarono e ne gettarono in mare il cadavere. Costoro si dichiararono poi «antisionisti», non antisemiti (come fecero del resto i loro amici italiani). Ma il fatto è che Klinghoffer era soltanto un ebreo, americano e non israeliano, e nemmeno risulta fosse di sentimenti filosionisti. Nell'ucciderlo gli assassini compirono dunque un atto di antisemitismo puro e semplice, pur continuando a dichiararsi «antisionisti».

Più tardi, il 13 dicembre 1986, si ebbe la visita del Papa alla Sinagoga di Roma, che destò una notevole soddisfazione fra i cristiani e molta (forse troppa) soddisfazione fra gli ebrei. In quell'occasione il pontefice, accolto in modo splendido, ribadì i concetti contenuti nella dichiarazione conciliare *Nostra aetate,* affermando ancora che «la Chiesa deplora gli odi, le persecuzioni e tutte le manifestazioni dell'antisemitismo dirette contro gli ebrei, in ogni tempo e da chiunque. Ripeto: da chiunque».

Più tardi ancora, circa un anno fa, è divampata la rivolta araba in Cisgiordania e nella striscia di Gaza. Un movimento che sembra destinato a protrarsi indefinitamente nel tempo e il cui significato a me sembra chiaro, e del resto è riconosciuto da un numero crescente di persone, partiti e nazioni: quel popolo aspira a diventare nazione, è pronto a grandi sacrifici per raggiungere l'obiettivo, lo vuole raggiungere nel più breve tempo possibile. Non vi è altro da fare, mi sembra, che soddisfare tale aspirazione, che noi italiani riteniamo legittima e che, alla lunga, sarà impossibile contrastare. Occorre che entrino profondamente, nella coscienza dei governanti israeliani, le parole che il palestinese moderato Taher dice a Grossman nel già ricordato *Vento giallo:* «Voi dovete pensare a noi non come ai "vostri" arabi, muli che tutti cavalcano, gente senza onore, ma come ai vostri futuri vicini di casa».

Invece, il governo israeliano ha reagito con durezza, una durezza che ha sollevato un mare di critiche e a me pare intollerabile. Intollerabile, per la precisione, non è la durezza in se stessa che non appartiene solo a questa repressione: numerosi governi, nel resto del mondo, reagiscono alle sommosse con durezza anche maggiore, ma se ne parla poco, e comunque con scarsa partecipazione. Intollerabile, piuttosto, è la circostanza che gli israeliani abbiano fatto troppo poco, praticamente, a oltre vent'anni dalla occupazione di quelle terre (se si prescinde dal piano Allon, presentato nel 1967, che prevedeva la restituzione del 70% dei territori arabi occupati con la guerra dei 6 giorni, ma fu respinto dai capi degli stati arabi), per risolvere i problemi, anzi, che essi li abbiano aggravati promuovendo e rafforzando quegli insediamenti di coloni in Cisgiordania che costituiscono una palla di piombo al piede di Israele. Quest'ultimo, in tal modo, ha posto se stesso nella necessità di scegliere fra il non reagire (il che mi sembra difficilmente immaginabile) oppure il reagire con la durezza, appunto, con cui ha reagito.

L'immagine di Israele ne è uscita ancor più deturpata, il che è stato aggravato, paradossalmente, proprio dal regime di libertà che questo Stato riconosce ai *mass media,* israeliani ed esteri. Cerco di spiegarmi con un esempio. Come milioni di altri italiani, ho seguito alla televisione, inorridendo, le immagini di quello sventurato giovane palestinese al quale alcuni soldati israeliani cercavano, tranquillamente, di spezzare le ossa delle braccia con grosse pietre. Ma l'orrore che sentivo non mi ha impedito di riflettere su questo aspetto: se il telespettatore poteva seguire, passo passo, quelle efferate sevizie, ciò dipendeva unicamente dalla circostanza che un cineoperatore (che risultò poi essere americano) aveva anzitutto potuto filmare, tranquillamente, la scena; si era quindi tenuto il filmato; l'aveva infine trasmesso a chi di dovere. In nessun altro paese del mondo sarebbe potuto accadere qualcosa del genere: vi sono sì nazioni, tante, al cui interno si picchia, si ferisce, si sevizia, si uccide barbaramente; non ve n'è nessuna, che io sappia, dove le peggiori barbarie possono essere "fissate" da un cineoperatore.

Sono ben lontano dal ritenere che Israele dovrebbe impedire, o limitare l'accesso e l'opera dei *mass media* sui luoghi in cui vengono consumati i delitti. Penso semplicemente che con ciò si venga a sottolineare l'assoluta incompatibilità dell'attuale comportamento dei governanti israeliani non solo con la storia d'Israele – impastata com'è di lacrime, di sangue, di speranza –, ma, ciò che a me pare più grave, con la sua stessa natura: quella, sin qui, di uno stato che non mi sento di definire «democratico» al cento per cento, (sebbene esso sia ben più democratico di qualunque stato arabo) ma «liberale», quanto meno, sì.

Ancora orrore fu in me suscitato dall'assassinio, perfettamente eseguito, di Jihad, vice di Arafat, a Tunisi. Fu quello, oltre che un delitto, un grave errore politico: non pare che la scomparsa di quest'uomo abbia influito tangibilmente sulla rivolta palestinese; sembra invece che abbia un po' rafforzato i legami fra i palestinesi e i loro *partners* esteri. Ed è proprio per questa ragione, verosimilmente, che diversi commentatori amici di Israele, presentendone le negative conseguenze, tentarono sulle prime di negare che la morte di Jihad fosse dovuta agli israeliani: tentativo che sarebbe stato patetico se non fosse stato ridicolo, giacché proprio tutto (a partire dall'aver risparmiato moglie e figli dell'assassinato) faceva ritenere che le cose stessero all'opposto; e comunque ben presto stroncato dalla successiva affermazione (se dobbiamo credere ai giornali) del generale Sharon: «Giustizia è fatta». Quale giustizia?

Puntuale come sempre, con l'inizio della rivolta nei paesi arabi si verifica un altro notevole rigurgito antisemita, con le solite forme: scritte murali, quasi sempre accompagnate da svastiche o dal segno delle S.S., lettere e telefonate minatorie, vignette e caricature, prese di posizione di gruppi politici, articoli sui giornali. Tali articoli furono assai spesso parziali, sì da meritare più di una messa a punto da parte di esponenti ebraici. Questi ultimi non è che si siano messi dalla parte del governo israeliano (che criticarono anzi più di una volta): si adoperarono semplicemente per tentare di correggere le omissioni, le storture, le deviazioni, ecc., che continuamente erano apparse.

Mi spiace dover notare che in questa opera di denigrazione degli ebrei fu piuttosto attiva anche la stampa cattolica (che per la verità non era stata assente nemmeno durante la crisi del 1982), perché ricordavo come ne era stato accolto il mio volumetto, nel non lontanissimo 1977, dove esprimevo punti di vista non del tutto amichevoli verso la Chiesa. Non vorrei ricordare che le recensioni erano state tutte favorevoli: si tenga presente che in Italia vige la strana regola per cui quando esce un libro, o lo si trascura, oppure, nel caso opposto, lo si recensisce bene. Voglio però ricordare che, nel recensirlo, si erano manifestati nella stampa cattolica – dalla «Civiltà Cattolica» alla «Famiglia cristiana», dall'«Avvenire» al «Messaggero di Sant'Antonio», ecc. –, sentimenti di apertura, di amicizia direi quasi di amore verso gli ebrei. Il che deve dirsi, in particolare, per l'ultimo dei periodici ora citati, per la verità, sebbene lo si consideri per lo più un periodico qualitativamente modesto, il «Messaggero di Sant'Antonio» a me pare, per la semplicità degli scritti, per l'intensità e la purezza della fede che si colgono in ogni pagina, per la ritenutezza di chi vi scrive (e nonostante i suoi limiti istituzionali), una delle cose migliori che compaiono nell'ambito cattolico. Non si dimentichi, per accennare alla sua popolarità, che questa rivista ha una tiratura di oltre 1.500.000 copie.

Com'è cambiato il panorama nei primi mesi del 1988. Non ho notato niente di negativo sul «Messaggero di Sant'Antonio», che si è dunque tenuto estraneo al chiasso, ma su altri fogli dell'area cattolica sono comparse diverse cose poco piacevoli o assai spiacevoli. Mi limito a ricordare due esempi.

Nel numero 3 del 1988 de «Il Sabato», si trova, a firma di Maurizio Blondet, un articolo intitolato *La lobby del tempio:* è uno scritto di non elevato livello, pieno di domande, cioè di insinuazioni, del quale non varrebbe forse la pena di occuparsi, se non fosse che in esso compare la vecchia tesi «complottista», che caratterizzò tanta parte delle pubblicazioni antisemite degli anni '20 e '30: vi sono traffici più o meno misteriosi fra *establishment* ebraico-americano, potentati sovietici e importanti personaggi israeliani, che non promettono niente di buono; ma non si sa di preciso, quale scopo si abbia di mira, «dato che questa fitta rete di potenze e interessi si annoda all'interno di logge massoniche esclusivamente riservate agli ebrei». Fa bene a reagire, con una vivacità un po' eccessiva, Elio Toaff, con un'intervista su di un numero successivo dello stesso foglio; e fa bene «Il Sabato» a porgere le sue scuse. Quella del Blondet fu però una manifestazione antisemita più confusa e maldestra che malevola, in definitiva. Vi fu di peggio in seguito, come risulta dal seguente altro esempio.

Sul quotidiano *L'Avvenire* del 10 aprile 1988, nella rubrica *Vivaio*, si legge quanto segue, a firma di Vittorio Messori, noto studioso. Esiste un «ennesimo mistero che aleggia da sempre sul Sion. Chi ricorda come l'Islàm si stanziò in Africa col fattivo aiuto e tra le grida di esultanza di quegli stessi ebrei che ora tentano disperatamente (ma fino a quando?) di contenerlo con le armi?». Pochi decenni dopo la morte di Maometto (632), sotto l'urto dell'invasione araba, «crollano come castelli di carte non solo il Medio Oriente, che sembrava ormai profondamente cristianizzato, ma anche la gloriosa Africa romana, che aveva dato un Tertulliano, un Cipriano, un Agostino e che giunse a contare più di 600 diocesi». E questo *blitz* è «meno inspiegabile solo se si pensa al ruolo che vi ebbero le comunità ebraiche. È infatti storicamente appurato che, per avversione al cristianesimo (e, certo, quello bizantino, accanto a una mirabile vita religiosa presentava non pochi lati oscuri) gli ebrei giocarono il ruolo di quinta colonna a favore dei musulmani», tanto che «si giunse a consegnare agli assedianti le chiavi delle città e a svelare loro i punti deboli della difesa». È comunque un fatto che l'arrivo degli arabi «fu salutato con un entusiasmo di parte ebraica che fruttò poi, spesso, uno status giuridico privilegiato».

Ho omesso alcuni passi che non mi sembrano particolarmente significativi, ma quanto riferisco dovrebbe essere sufficiente a manifestare il senso dell'articolo: l'ebreo sarebbe, tendenzialmente, un traditore, il che costituisce un «ennesimo mistero».

Incontestabilmente, i fatti ricordati sono veri: all'epoca dell'invasione musulmana gli ebrei residenti nell'Africa settentrionale stettero dalla parte degli invasori, sia pure con notevoli eccezioni (basti ricordare la leggendaria regina Kahena, ebrea, che con le sue tribù dell'interno oppose fierissima resistenza nel Magreb); ma bisogna darne la spiegazione. E questa è assai semplice, in un certo senso implicita in quanto scrive lo stesso Messori. Se gli ebrei accolsero con «entusiasmo» gli arabi vuol dire che essi vedevano nel loro arrivo la fine di un incubo: quelli erano proprio i tempi dell'antisemitismo nascente e trionfante, del formarsi della turpe leggenda del «popolo deicida»; i tempi in cui le sinagoghe bruciavano e gli ebrei venivano spesso e volentieri trucidati. Per quale altra ragione gli ebrei avrebbero dovuto sentire avversione per i cristiani, se si prescinde dall'avversione, nelle parole e nei fatti, che anzitutto la società cristiana manifestava nei loro confronti?

A questa prima e fondamentale spiegazione se ne possono aggiungere altre due, collegate con la precedente e fra di loro. L'una sta nei legami di varia natura (dalla comune discendenza da Abramo alla circoncisione, dalla relativa somiglianza delle lingue alle interdizioni alimentari, ecc.) fra ebrei e musulmani, che certo avrebbero agevolato una pacifica convivenza. L'altra nella speranza fortemente sentita dagli ebrei di poter appunto convivere a lungo con i musulmani: speranza rivelatasi poi fondata, giacché ancora nel 1948 le comunità ebraiche in Africa settentrionale erano numerose e non languenti (anche grazie, bisogna dire, all'afflusso di ebrei dalla Spagna, a partire dalla loro espulsione nel 1492), laddove i cristiani si erano ridotti (se si prescinde dai coloni francesi e italiani) a infime minoranze.

Dunque, non vi è niente di misterioso in ciò che il Messori ricorda. Il «mistero» è un altro: come abbia potuto uno scrittore così apprezzato prestarsi – in modo semplicissimo: ricordare fatti sicuramente accaduti, sottacendone però il contesto storico – a una operazione così poco apprezzabile.

La misura si stava rapidamente colmando, tanto che il 23 maggio di quest'anno viene pubblicata un'importante dichiarazione del segretariato della Conferenza Episcopale Italiana per l'ecumenismo e il dialogo. Vi sono due passi che meritano di essere ritrascritti. Vi si dice che «il perdurare delle tensioni fra palestinesi e israeliani continua a provocare nell'ambiente italiano, e per ciò anche fra i cattolici, gravi preoccupazioni per il rischio di deformazioni dell'informazione e conseguenti reazioni emotive che, nelle frange estremiste, possono portare a esplosioni di violenza»; e vi si aggiunge che «episodi di intolleranza contro ebrei e istituzioni ebraiche, verificatesi anche di recente, uniti ad atteggiamenti di ostilità e di pregiudizio, suscitano nelle nostre comunità sentimenti di profonda preoccupazione...».

Può ben essere che qualche lettore, giunto a questo punto, desideri sapere che cosa pensi l'autore circa il futuro dei rapporti fra Israele e gli arabi. Non ho difficoltà a rispondere, non senza premettere che quando si cerca di prevedere qualcosa per lo più si mescolano le proprie speranze e le proprie paure: è una delle ragioni per cui le previsioni sono spesso oscure. E siccome desidero essere chiaro, non mi resta che esporre partitamente, per l'appunto, le mie speranze e i miei timori.

Scrivevo, oltre dieci anni fa, che per raggiungere una durevole soluzione del conflitto è necessario che Israele sgomberi – sia pure in un ragionevole margine di tempo, con le garanzie del caso e salve quelle rettifiche che fossero liberamente concordate – tutti i territori occupati con la guerra del 1967 (fatta eccezione per Gerusalemme, di cui sto per dire). Tale era ed è la mia speranza; e mi rallegra un poco il considerare che l'idea ha fatto molta strada, negli ultimi tempi. Desidero però precisare due punti che mi sembrano importanti.

Il primo è che lo sgombero non dovrebbe avvenire da oggi a domani: dovrebbe esserci, in un certo giorno, che mi auguro molto vicino, il preannunzio dello sgombero, da effettuarsi entro un certo giorno, che mi auguro non troppo lontano: mettiamo due anni.

L'attuazione del piano dovrebbe essere sottoposta, dal governo israeliano, a due condizioni: la rinunzia a ogni forma di violenza da parte dell'O.L.P.; la convocazione, ad opera dell'O.N.U., di una conferenza di pace, con poteri deliberanti e con la partecipazione delle due superpotenze, degli Stati membri del Consiglio di sicurezza, di Israele e di quanti altri Stati l'O.N.U. decidesse di fare intervenire. Sarebbe giusto che, nel momento stesso dell'annunzio del futuro sgombero, Israele esponesse formalmente la sua opinione sulla composizione della futura conferenza, ma sarebbe inaccettabile se Israele si ostinasse sul punto della rappresentanza dei palestinesi o, peggio ancora, sul futuro assetto statuale della Cisgiordania. Sono affari interarabi, mi sembra: se la sbrighino gli arabi fra di loro.

Questa strada dovrebbe condurre, continuo a sperare, a risultati apprezzabili sia per i palestinesi che per Israele. Per i primi, nel senso che costoro coronerebbero finalmente il sogno, che del resto gli stessi ebrei hanno fervidamente coltivato per tanti secoli, di avere una patria. Per i secondi, nel senso che la conferenza di cui sto parlando dovrebbe anzitutto portare al riconoscimento dell'esistenza dello Stato di Israele, anche da parte degli stati arabi e dell'O.L.P. Tutto ciò comporterebbe, verosimilmente, il ristabilimento di relazioni diplomatiche con l'Unione Sovietica, il che mi pare importante, nonché lo stabilirsi di relazioni con la Santa Sede, ciò che a me pare importantissimo.

Se la soluzione che sto prospettando arrecherebbe vantaggi notevoli anche a Israele, non ci possiamo però nascondere che essa creerebbe anche gravi preoccupazioni: l'estrema vicinanza, in taluni punti, della nuova frontiera al mare, quindi l'incubo per Israele di essere tagliato in due, da un giorno all'altro, il che viene sentito come «insicurezza» della frontiera; il nodo gravissimo degli insediamenti israeliani in Cisgiordania; l'esistenza, all'interno dei confini del '67, di centinaia di migliaia di arabi con cittadinanza israeliana; ecc. A questi problemi ho già cercato di dare una risposta nella prima edizione di questo volumetto; e a ciò che allora scrissi, riportato nella presente edizione, debbo rimandare ancora una volta il lettore.

Quanto al caso specifico di Gerusalemme, soprattutto della sua parte orientale, ritengo che essa non dovrebbe far parte dell'area da sgomberare e restituire agli arabi: la città ha per gli ebrei di tutto il mondo un valore religioso, morale e politico di gran lunga superiore, per quanto so, a quello che le riconoscono musulmani e cristiani: è giusto che essa rimanga per sempre la capitale di Israele. Piuttosto, rimane da perfezionare, e da garantire internazionalmente, quel regime di extraterritorialità dei Luoghi Santi, che in sostanza già esiste (ma non esisteva nel tempo in cui vi regnava il re di Giordania) e che a me pare essenziale.

E quanto alla striscia di Gaza, debbo confessare di non avere idee precise, salva la constatazione che non è certamente questo il problema maggiore; e salvo il ricordare che quel «lager» come oggi talvolta lo si chiama, fu creato non dagli israeliani, ma dagli arabi, e più precisamente dagli egiziani. Sarà bene che anche costoro, e non solo gli israeliani, si accollino gli oneri necessari per sciogliere il nodo.

Il mio timore è questo: che non accada nessuna delle cose che ho appena scritto.

A quanto è dato capire, gli attuali uomini politici israeliani, quanto meno Shamir e i suoi, non hanno intenzione di cedere un solo pollice di terreno. Continuano a tenere in piedi l'ipocrita definizione di «occupazione» – definizione che consente una pressoché completa libertà di azione verso gli «occupati» – quella che invece, almeno nelle loro intenzioni, ha tutta l'aria di un'autentica annessione. Si continua a sparare con una freddezza che disgusta. E la cosa più grave, secondo me, non è che si continui a sparare, ma è il fatto che le notizie relative occupino sempre meno spazio nei *mass media:* tante volte si è parlato di «guerre dimenticate», e vi è da temere che ci stiamo avviando verso una «rivolta dimenticata».

D'altra parte, è certo che Israele può continuare molto a lungo nell'attuale sua politica. Suppongo che la rivolta proseguirà, magari con pause più o meno estese; e che pure proseguiranno, anzi si intensificheranno, gli aiuti da parte delle nazioni arabe. E altrettanto ragionevole è la supposizione che la repressione possa a sua volta proseguire all'infinito, anche perché le perdite sono assai modeste. Dal punto di vista militare Israele può tenere duro sinché vuole, in pratica.

Ma si può considerare la vertenza arabo-israeliana come una questione puramente militare? O non è evidente che si tratta di un problema morale e politico e, prima ancora, di un problema di immagine? Si rendono conto, o no, i dirigenti israeliani che ogni palestinese assassinato fa aumentare il numero degli amici dei palestinesi, cioè il discredito degli israeliani e – sciaguratamente – degli ebrei?

E che succederà se non si trova, a breve termine, una via di uscita? Qui finisce il mio timore e incomincia la mia paura: una paura nera, che mi impedisce di formulare, se mai ne fossi capace, qualunque previsione. Ho paura di nuove guerre, di nuovi stragi, di stermini, magari di altri Esodi o di altri Olocausti. Non saprei però dire, ed è la cosa peggiore, a danno di chi.

Cenni bibliografici

Capitolo primo

§ 2. E. Cassin, *San Nicandro, histoire d'une conversione*, Paris, 1957; E. Lapide Phinn, *Mosè in Puglia*, Milano, 1958.

§ 3. J. A. De Gobineau, *Sull'ineguaglianza delle razze*, Milano, 1965; L. Poliakov, *Il mito ariano*, Milano, 1976. Sull'opera di H. S. Chamberlain (*Die Grundlagen des neunzehnten Jahrhunderts*, Wien, 1899), che non è stata tradotta in italiano, si veda L. Poliakov, *op. cit.*, pp. 344 ss., nonché W. L. Shirer, *Storia del Terzo Reich*, Torino, 1963, pp. 116 ss.

Capitolo secondo

§ 1-9. J. Isaac, *Génèse de l'antisemitisme*, Paris, 1956; C. Mannucci, *L'ideologia cristiana sugli ebrei e le sue funzioni dall'antichità alla fine del medioevo*, in "Comunità", n. 175, dicembre 1975, pp. 129 ss.; A. Milano, *Storia degli ebrei in Italia*, Torino, 1963; R. Piperno, *L'antisemitismo moderno*, Bologna, 1964; L. Poliakov, *Les banquiers juifs et le Saint Siège du XII au XVIII siècle*, Paris, 1967; Idem, *Storia dell'antisemitismo*, 3 vol., Firenze, 1975; L. Wirth, *Il ghetto*, Milano, 1968.

§ 10. J. P. Sartre, *L'antisemitismo. Riflessioni sulla questione ebraica*, Milano, 1964.

Capitolo terzo

§ 1-7. G. Caprile, *Ebrei ed ebraismo oggi*, Firenze, 1968; A. Cohen, *Le Talmùd, exposé synthétique*, Paris, 1970; I. Epstein, *Il Giudaismo*, Milano, 1967; D. Lattes, *Aspetti e problemi dell'ebraismo*, Torino, 1970; H. Wouk, *Questo è il mio Dio*, Milano, 1962.

Capitolo quarto

§ 1-3. T. Herzl, *Lo Stato ebraico - Tentativo di una soluzione moderna della questione ebraica*, Roma, 1955; A. Léon, *Il marxismo e la questione ebraica*, Roma, 1968; P. Miquel, *L'affaire Dreyfus*, Paris, 1968; C. Weizmann, *La mia vita per Israele*, Milano, 1950.

§ 4-6. A. K. Abdel-Kader, *Israele e il mondo arabo*, Milano, 1964; W. Eytan, *I primi dieci anni di Israele*, Milano, 1960; M. Rodinson, *Israele e il rifiuto arabo*, Torino, 1969; M. Salerno, *Gerusalemme demistificata*, Roma, 1973; V. D. Segre, *Israele, una società in evoluzione*, Milano, 1973; N. Weinstock, *Le sionisme contre Israël*, Paris, 1969.

Capitolo quinto

§ I. R. De Felice, *Storia degli ebrei italiani sotto il fascismo*, Torino, 1962; C. Mannucci, *Storia e teologia dell'antisemitismo cristiano: l'odio antico*, in "Comunità", n. 166, aprile 1972.

§ 2. N. Cohn, *Licenza per un genocidio. I "protocolli dei savi anziani di Sion": storia di un falso*, Torino, 1969; H. Ford, *L'ebreo internazionale*, Milano, 1938; Internazionale Ebraica, *I protocolli dei savi anziani di Sion*, Roma, 1938; R. Patai, *Tents of Jacob*, Englewood Cliffs, N. J., 1971.

§ 3. Ben Ami, *Les juifs en Union Soviétique*, Paris, 1968; I. Deutscher, *L'ebreo non ebreo*, Milano, 1969; F. Fejtö, *Gli ebrei e l'antisemitismo nei paesi comunisti*, Milano, 1962; M. Massara, *Il marxismo e la questione ebraica*, Milano, 1972; L. Poliakov, *Dall'antisionismo all'antisemitismo*, Firenze, 1971; *Gli ebrei nell'U.R.S.S.*, a cura di "Nuovi argomenti", Milano, 1966; L. Shapiro, *Russian Jewry 1917-1967*, New York, 1969.

§ 4. C. Cattaneo, *Interdizioni israelitiche*, Torino, 1962; M. D'Azeglio, *Sull'emancipazione civile degli israeliti*, Torino, 1847; A. M. di Nola, *Antisemitismo in Italia 1962-1972*, Firenze, 1973; P. Levi, *Se questo è un uomo*, Torino, 1958; L. Morpurgo, *Caccia all'uomo*, Roma, 1946.

* Su tutti indistintamente gli argomenti si può consultare: *Encyclopaedia Judaica*, 16 vol., Jerusalem, 1971.

Orientamenti e suggerimenti per l'applicazione della dichiarazione conciliare "Nostra Aetate"

della Commissione per le relazioni religiose con l'ebraismo

La dichiarazione del Concilio Vaticano II "*Nostra Aetate*" (28 ottobre 1965) "sulle relazioni della Chiesa con le religioni non cristiane" segna una svolta importante nella storia dei rapporti ebreo-cattolici.

Inoltre l'iniziativa conciliare è situata in un contesto profondamente modificato dal ricordo delle persecuzioni e dei massacri subiti dagli ebrei in Europa immediatamente prima e durante la seconda guerra mondiale.

Benché il Cristianesimo sia nato nell'Ebraismo e abbia ricevuto da esso alcuni elementi essenziali della sua fede e del suo culto, la frattura tra le due religioni è divenuta sempre più profonda, fino a giungere quasi ad una reciproca incomprensione.

Dopo duemila anni, troppo spesso segnati da ignoranza reciproca e da frequenti urti, la Dichiarazione "Nostra Aetate" dava l'occasione di instaurare o perseguire un dialogo rivolto ad una migliore conoscenza reciproca. Durante i nove anni trascorsi dalla promulgazione della Dichiarazione, numerose iniziative sono state prese in diversi paesi. Tali iniziative hanno permesso di enucleare più chiaramente le condizioni nelle quali le nuove relazioni tra Ebrei e Cristiani possono essere elaborate e sviluppate. Sembra dunque giunto il momento di proporre, secondo gli orientamenti del Concilio, dei suggerimenti concreti, basati sull'esperienza, nella speranza che essi aiutino ad attuare nella vita della Chiesa le intenzioni esposte nel documento conciliare.

Sulla base del documento bisogna qui ricordare semplicemente che i legami spirituali e le relazioni storiche che ricollegano la Chiesa all'Ebraismo condannano, come avversi allo spirito stesso del Cristianesimo, tutte le forme di antisemitismo e di discriminazione che, d'altra parte, la dignità della persona umana è per se stessa sufficiente a condannare. Non solo, ma questi legami e queste relazioni impongono il dovere di una migliore comprensione reciproca e di una rinnovata mutua stima. Praticamente è dunque necessario, in particolare, che i cristiani cerchino di capire meglio le componenti fondamentali della tradizione religiosa ebraica e apprendano le caratteristiche essenziali con le quali gli ebrei stessi si definiscono alla luce della loro attuale realtà religiosa. Sulla base di queste considerazioni di principio, proponiamo semplicemente alcune prime applicazioni pratiche in campi essenziali della vita della Chiesa, al fine di instaurare o sviluppare in modo sano le relazioni tra i cattolici e i loro fratelli ebrei.

Il dialogo

C'è da dire, in verità, che le relazioni tra ebrei e cristiani, quando ce ne sono state, non hanno generalmente mai superato lo stadio di monologo. Ciò che ora importa è stabilire un vero dialogo. Il dialogo presuppone il desiderio di conoscersi, di sviluppare e approfondire tale conoscenza. Esso costituisce un mezzo privilegiato per favorire una più profonda conoscenza reciproca e, particolarmente per quanto riguarda il dialogo tra ebrei e cristiani, un mezzo per approfondire la ricchezza della propria tradizione. Condizione del dialogo è il rispetto dell'altro, così come esso è, soprattutto il rispetto della sua fede e delle sue convinzioni religiose.

In virtù della sua missione divina la Chiesa, per la sua stessa natura, deve annunciare Gesù Cristo al mondo ("Ad Gentes", n. 2). Per evitare che questa testimonianza resa a Gesù Cristo appaia agli ebrei come una violenza, i cattolici dovranno aver cura di vivere e di annunciare la loro fede nel più rigoroso rispetto della libertà religiosa, così come essa è insegnata dal Concilio Vaticano II (Dichiarazione "Dignitatis Humanae").

Essi si sforzeranno altresì di comprendere le difficoltà che l'anima ebraica prova davanti al Mistero del Verbo Incarnato, data la nozione molto alta e molto pura che essa possiede della trascendenza divina. Se è vero che in questo campo regna ed è ancora abbastanza diffuso un clima di sospetto dovuto all'influenza di un passato da deplorare, i cristiani, da parte loro, dovranno saper riconoscere la loro parte di responsabilità e trarre le conseguenze pratiche per l'avvenire. Oltre che i colloqui fraterni, dovranno essere incoraggiati anche gli incontri di esperti per studiare i molteplici problemi connessi alle convinzioni fondamentali dell'ebraismo e del cristianesimo. Grande apertura spirituale, diffidenza verso i propri pregiudizi, tatto, sono le qualità indispensabili per non ferire, seppure involontariamente, l'interlocutore. Se le circostanze lo permettessero e se reciprocamente auspicato, si potrebbe favorire un incontro in comune, davanti a Dio, in preghiera e meditazione silenziosa, poiché esso è molto efficace per far nascere quell'umiltà, quell'apertura dello spirito e del cuore, così necessarie per la conoscenza profonda di se stessi e degli altri. Grandi cause, come quelle della giustizia e della pace, potrebbero essere gli spunti per suscitare tali incontri.

La liturgia

Dovranno essere ricordati i legami esistenti tra la liturgia cristiana e la liturgia ebraica. La comunità di vita al servizio di Dio e dell'umanità per amore di Dio, così come tale servizio si realizza nella liturgia, è una caratteristica sia della liturgia ebraica che di quella cristiana. Per le relazioni ebreo-cristiane è necessario conoscere gli elementi comuni della vita liturgica (formule, feste, riti, ecc.) nei quali la Bibbia ha un posto essenziale. Ci si sforzerà di comprendere meglio tutto ciò che nell'Antico Testamento conserva un valore proprio e perpetuo (cfr. "Dei Verbum", n. 14 e n. 15), poiché questo valore non è stato obliterato dall'ulteriore interpretazione del Nuovo Testamento, la quale al contrario ha dato all'Antico ii suo significato più compiuto così che, reciprocamente, il Nuovo riceve dall'Antico luce e spiegazione (cf. *ibid.* n. 16). Ciò è tanto più importante in quanto la riforma liturgica mette sempre più spesso i cristiani in contatto con i testi dell'Antico Testamento. Nei commentari dei testi biblici, senza minimizzare in alcun modo gli elementi originari del cristianesimo, si metterà in rilievo la continuità della nostra fede in rapporto a quella dell'Antica Alleanza, alla luce delle promesse. Noi crediamo che queste promesse si sono realizzate con la prima venuta del Cristo; è anche vero, però, che siamo ancora nell'attesa del loro perfetto compimento, che si realizzerà con il ritorno glorioso di Lui, alla fine di tutti i tempi. Per quanto riguarda le letture liturgiche nelle omelie, si dovrà dare ad esse una giusta interpretazione, soprattutto quando si tratti di brani che sembrano porre il popolo ebraico, come tale, in una luce sfavorevole. Ci si sforzerà di istruire il popolo cristiano in modo tale che esso comprenda tutti i testi nel loro giusto senso, e nel loro significato per il credente di oggi giorno. Le commissioni incaricate delle traduzioni liturgiche porranno particolare cura al modo di rendere quelle espressioni e quei brani che possono essere interpretati tendenziosamente dai cristiani non sufficientemente informati. È evidente che i testi biblici non possono essere cambiati, ma si può, in una versione destinata all'uso liturgico, rendere esplicito il significato di questo testo, tenendo conto degli studi esegetici. Le considerazioni espresse sopra sono da applicarsi anche alle introduzioni delle letture bibliche, all'"Oratio fidelium" e ai commentari inseriti nei messali destinati ai fedeli.

Insegnamento ed educazione

Sebbene vi sia ancora un vasto lavoro da svolgere, negli anni appena trascorsi si è giunti ad una migliore comprensione dell'ebraismo in sé e della sua relazione col cristianesimo, grazie agli insegnamenti della Chiesa, agli studi e alle ricerche degli esperti e al dialogo che si è potuto instaurare. A tale proposito meritano di essere ricordati i seguenti punti:

– È lo stesso Dio "il quale ha ispirato i libri dell'uno e dell'altro Testamento" (Dei Verbum, n. 16), che parla nell'Antica e nella Nuova Alleanza.

– Il giudaismo del tempo di Cristo e degli Apostoli era una realtà complessa che assorbiva in sé tutto un mondo di tendenze di valori spirituali, religiosi, sociali e culturali.

– L'Antico Testamento e la tradizione ebraica su ai esso fondata non debbono essere considerati in opposizione al Nuovo Testamento, come se essi costituissero una religione della sola giustizia, del timore e del legalismo senza appello all'amore di Dio e del prossimo (cfr. Deut. 6, 5; Lev. 19, 18; Mat. 22, 34-40).

– Gesù, come i suoi apostoli e un gran numero dei suoi primi discepoli, è nato dal popolo ebraico. Egli stesso, rivelandosi come Messia e Figlio di Dio (cfr. Mat. 16, 16), portatore di un nuovo messaggio, quello del Vangelo, si è presentato come il compimento e il perfezionamento della precedente Rivelazione. E benché l'insegnamento di Cristo abbia un carattere profondamente nuovo, esso tuttavia si fonda a più riprese, sull'insegnamento dell'Antico Testamento. Il Nuovo Testamento è intimamente contrassegnato dalla sua relazione con l'Antico. Come ha dichiarato il Concilio Vaticano II: "Dio, il quale ha ispirato i libri dell'uno e dell'altro Testamento e ne è l'autore, ha sapientemente disposto che il Nuovo fosse nascosto nel Vecchio e il Vecchio diventasse chiaro nel Nuovo" (Dei Verbum, n. 16). E inoltre Gesù, fa uso di metodi di insegnamento analoghi a quelli usati dai rabbini del suo tempo.

– Per quanto riguarda il processo e la morte di Gesù, il Concilio ha ricordato che "quanto è stato commesso durante la Passione non può essere imputato né indistintamente a tutti gli ebrei allora viventi, né agli ebrei del nostro tempo" (Nostra Aetate, n. 4).

– La storia dell'ebraismo non si è conclusa con la distruzione di Gerusalemme. Questa storia ha continuato a svolgersi sviluppando una tradizione religiosa la cui portata, pur assumendo – crediamo noi – un significato profondamente diverso dopo il Cristo, resta tuttavia ricca di valori religiosi.

– Con i profeti e con l'apostolo Paolo "la Chiesa attende il giorno, che solo Dio conosce, in cui tutti i popoli acclameranno il Signore con una sola voce e lo serviranno appoggiandosi spalla a spalla" (Sof. 3, 9), (Nostra Aetate, n. 4).

L'informazione su queste questioni deve riguardare tutti i livelli d'insegnamento e di educazione del cristiano.

Tra i mezzi di informazione, una particolare importanza rivestono quelli qui di seguito elencati:

– manuali di catechesi; libri di storia; mezzi di comunicazione sociale (stampa, radio, cinema, televisione).

L'uso efficace di tali mezzi presuppone una specifica formazione degli insegnanti e degli educatori nelle scuole, come pure nei seminari e nelle università. Si stimolerà la ricerca degli specialisti sui problemi relativi all'ebraismo e alle relazioni ebreo-cristiane, specialmente nei campi dell'esegesi, della teologia, della storia e della sociologia. Gli istituti superiori cattolici di ricerca, possibilmente in collaborazione con altri istituti cristiani ad essi analoghi, come pure gli specialisti, sono invitati a dare il loro contributo per la soluzione di tali problemi. Si istituiranno poi – dove ciò sia possibile – delle cattedre per studi ebraici, e si incoraggerà una collaborazione con studiosi ebraici.

Azione sociale e comune

La tradizione ebraica e cristiana, fondata sulla Parola di Dio, è cosciente del valore della persona umana, immagine di Dio. L'amore per un medesimo Dio deve tradursi in una concreta azione in favore dell'uomo. In accordo con lo spirito dei profeti, ebrei e cristiani collaboreranno di buon grado nella ricerca della giustizia sociale e della pace, e livello locale, nazionale e internazionale. Questa azione comune può allo stesso tempo favorire largamente una stima e una conoscenza reciproche.

Conclusione

Il Concilio Vaticano II ha indicato la via da seguire per promuovere una profonda fraternità tra ebrei e cristiani. Ma un lungo cammino resta ancora da percorrere.

Il problema dei rapporti tra ebrei e cristiani riguarda la Chiesa come tale, poiché è "scrutando il suo proprio mistero" che essa fronteggia il mistero di Israele. Questo problema conserva dunque tutta la sua importanza anche in quelle regioni dove non esistono comunità ebraiche. Esso ha inoltre una implicazione ecumenica: il ritorno dei cristiani alle sorgenti e alle origini della loro fede, innestata sull'antica Alleanza, contribuisce alla ricerca dell'unità in Cristo, pietra angolare. A questo proposito, nel quadro della disciplina generale della Chiesa e dell'insegnamento comunemente professato per mezzo del suo Magistero, i vescovi sapranno prendere le opportune iniziative pastorali. Essi istituiranno, ad esempio, a livello nazionale o regionale, delle commissioni o segretariati appositi, o nomineranno persone competenti con l'incarico di promuovere la messa in atto delle direttive conciliari e dei suggerimenti qui esposti. A livello della Chiesa Universale il Santo Padre ha istituito, in data del 22 ottobre 1974, questa Commissione per le Relazioni Religiose con l'Ebraismo, collegata al Segretariato per l'Unione dei Cristiani. Creata allo scopo di promuovere e stimolare i rapporti religiosi tra ebrei e cattolici, con l'eventuale collaborazione di altri cristiani, questa Commissione speciale, nei limiti delle sue competenze, è a disposizione di tutti gli organismi interessati per informarli ed aiutarli a realizzare i loro compiti in conformità alle direttive della Santa Sede. La Commissione auspica di sviluppare tale collaborazione per una realizzazione efficace e giusta degli orientamenti del Concilio.

«Breve storia degli ebrei e dell'antisemitismo»
di Eugenio Saracini
Oscar storia
Arnoldo Mondadori Editore

Questo volume è stato stampato
presso Mondadori Printing S.p.A.
Stabilimento NSM - Cles (TN)
Stampato in Italia - Printed in Italy